Dr. phil. Mathias Jung
Lebensnachmittag

*Spätestens von 40 Jahren an ist
ein Mensch für sein Aussehen
selber verantwortlich – nicht in
kosmetischem, sondern in
geistigem Sinne, denn zunehmend
schärfer prägt im Alter die Seele,
das eigene Wesen, sich in den
Zügen und Falten des Gesichtes,
der Augen, des Mundes, der
Hände, der ganzen Haltung aus.*

*Eugen Drewermann,
Psychoanalyse und Moraltheologie*

Dr. phil. Mathias Jung

Lebensnachmittag

**Die zweite Lebenshälfte:
Krise und Aufbruch**

*Wie ich die Welt will, muß ich selber erst
und ganz und ohne Schwere werden,
ein klares Wasser und die reinste Hand,
zu Gruß und Hilfe dargeboten.*

René Schickele

Die Originalausgabe erschien unter dem Titel
„Zweite Lebenshälfte" im emu-Verlag

Gedruckt auf umweltfreundlich hergestelltem Papier
(chlor- und säurefrei gebleicht)

ISBN 3-89189-046-X

3. Auflage 2005

© 1995 by emu-Verlags-GmbH, 56112 Lahnstein
Alle Rechte, auch die des auszugsweisen Nachdrucks, der fotomechanischen Wiedergabe und der Übersetzung vorbehalten.
Umschlaggestaltung: Martin Gutjahr
Foto: Mauritius Bildagentur
Gesamtherstellung: Kösel, Krugzell

Inhaltsverzeichnis

Die Sanduhr läuft	7
Hans mein Igel oder Das Wagnis, meinen Panzer zu sprengen	21
Mut zur Abgrenzung	46
Das Drama der Eifersucht	60
Verlassen und verlassen werden	86
Das Verdrängte in meiner Seele	100
Depression als Chance	127
Dr. Max Otto Bruker: Über den Mythos der „Alterskrankheiten" und die Kunst, alt zu werden	142
Des Kaisers neue Kleider oder Sein und Schein	154
Wiederannäherung an die Geschwister	175
Die Lust	192
Die Sache mit dem Tod	210
Philosophie des Glücks	233

Vorwort zur zweiten Auflage

Zehntausend Leserinnen und Leser haben meine Einladung zur Reflexion des schönen Themas angenommen: die zweite Lebenshälfte als Kunstwerk des bewußten Lebens. So viel Akzeptanz ist erfreulich.

Jetzt war die Neuauflage fällig. Wir haben dazu eine neue Titelgestaltung gewählt: Zwei Menschen, am Strand wandernd, mit ihren Füßen flüchtige Spuren hinterlassend. Wir wechselten auch den Titel: Wir sprechen nunmehr vom *Lebensnachmittag* (C. G. Jung). Wir möchten damit die eigene Qualität, sinnliche Präsenz und Reife dieses Zyklus, in dem sich unser Leben zu runden vermag, symbolisieren. In diesem Buch geht es nicht ausschließlich um eine Hälfte des Lebens. Das Leben läßt sich nicht teilen.

Romano Guardini, der christliche Humanist, würdigte als Achtundsechzigjähriger in einem Rundvortrag 1953 die besondere Schönheit dieses Lebensnachmittags, der um das vierzigste Lebensjahr beginnt und in den Lebensabend mündet, mit den Worten: *Das Alter bedeutet nicht nur das Ausrinnen einer Quelle, der nichts mehr nachströmt; oder das Schlaffwerden einer Form, die vorher stark und gespannt war; sondern es ist selbst Leben, von eigener Art und eigenem Wert.*

Guardini spricht davon, *daß es ein richtiges und ein falsches Altwerden gibt.* Davon handelt, lustvoll, unser Buch

Mathias Jung
Lahnstein, September 2000

Die Sanduhr läuft

> *Wir können den Nachmittag des
> Lebens nicht nach demselben
> Programm leben wie den Morgen,
> denn was am Morgen viel ist,
> wird am Abend wenig sein,
> was am Morgen wahr ist, wird
> am Abend unwahr sein.*
>
> *Carl Gustav Jung*

Goethe hat das Drama der zweiten Lebenshälfte
fast ruppig beim Namen genannt:

> *Das Alter ist ein höflich Mann,*
> *Einmal über's andere klopft er an,*
> *Aber nun sagt niemand herein,*
> *Und vor der Türe will er nicht sein,*
> *Da klinkt er auf, tritt ein so schnell,*
> *Und nun heißt's, er sei ein grober Gesell.*

Anatole France formuliert es freundlicher. Mit 40
Jahren, so sagt er, beginnt das „Alter der Jugend",
mit 50 Jahren die „Jugend des Alters". Kein Zweifel, ob es sich um meinen vierzigsten oder meinen
fünfzigsten Geburtstag handelt, der Abschied von
der Ära meiner ewig scheinenden Jugend steht an.

Oft löst diese Lebenszäsur eine Krise aus. Man
nennt sie modisch „Midlife-crisis". Ich erkenne
plötzlich: Vieles liegt hinter mir. Vieles läßt sich
nicht wiederholen. Ich bin festgelegt – durch Fami-

lie, Beruf, Ort, Freunde, Verpflichtungen, Vereins-
zugehörigkeiten, Liebhabereien. Meine Eltern sterben. Die Luft wird dünner um mich. *Ich* bin jetzt
die Elterngeneration. *Ich* bin längst der geworden,
vor dem ich einst mit dem flotten Slogan gewarnt
habe: „Trau keinem über dreißig!" Auf dem
Arbeitsmarkt gelte ich als „nicht mehr ganz junge
Frau" oder „schwer zu vermittelnde männliche
Arbeitskraft".

In der Mitte meiner Biographie versickern
unmerklich die vitalen Antriebskräfte meiner Jugend wie ein Rinnsal im Boden. Falten tauchen im
Gesicht auf, die Haare werden grau. Was habe ich
aus meinem Leben gemacht, frage ich mich. Lohnt
sich das ganze Strampeln? Was steckt für ein Sinn
in meinem Leben? Manchmal fällt diese Zwi-
schenbilanz, wenn ich ehrlich bin, düster aus. Eine
vor sich hin dümpelnde Ehe, ein Haus mit hohen
Hypotheken, zwei Kinder, die bald das Haus verlassen, eine ramponierte Gesundheit, ein beruflicher Leerlauf – soll das alles gewesen sein?

Nein, denn die zweite Lebenshälfte steckt voller
Tücken – und Freuden. Ich möchte Dich, lieber
Leser, und mich in diesem Buch einladen, darüber
nachzudenken und den Überlegungen von Philo-
sophen, Psychologen und Dichtern im Herzen
Zugang zu gewähren. Dante, selbst in der Mitte des
Lebens, hat in seinen Versen am Eingang der
„Göttlichen Komödie" die Dramatik des Wegver-
lusts im mittleren Lebensalter so beschrieben:

Als unseres Lebens Mitte ich erklommen,
Befand ich mich in einem dunklen Wald,
Da ich vom rechten Wege abgekommen.
Wie schwer ist's, zu beschreiben die Gestalt
Der dichten, wilden, dornigen Waldeshallen,
Die, denk' ich dran, erneuern der Furcht Gewalt!
Kaum bittrer ist es in des Todes Krallen ...

Wer konnte sich früher sein eigenes Alter und Alt-werden vorstellen! Plötzlich ist es so weit. Was unendlich schien, erfahre ich jetzt selbst, ganz persönlich, als endlich. Erstmals taucht der Gedanke an Rente und Pensionierung auf. Erstmals beginne ich, meine eigene Lebenserwartung zu prognostizieren. Zwanzig, höchstens dreißig Jahre sind es noch. Lohnen sich noch Immobilienkäufe? Wie werde ich meine Kinder versorgen? Wie will ich mein Leben nach dem Berufsende gestalten? Will ich an meinem bisherigen Wohnort weiterleben? Gibt es noch eine Sehnsucht in meinem Leben zu verwirklichen?

Der Philosoph Arthur Schopenhauer schreibt in seiner Reflexion „Vom Unterschiede der Lebensalter": „Vom Standpunkt der Jugend aus gesehen, ist das Leben eine unendlich lange Zukunft; vom Standpunkt des Alters aus eine sehr kurze Vergangenheit; so daß es anfangs sich uns darstellt wie die Dinge, wann wir das Objektivglas des Opernguckers ans Auge legen, zuletzt aber wie wann wir das Okular ansetzen. Man muß alt geworden sein, also lange gelebt haben, um zu erkennen, wie kurz das Leben ist. – Je älter man wird, desto kleiner erscheinen die menschlichen Dinge samt und sonders: Das Leben, welches in der Jugend als fest und stabil vor uns stand, zeigt sich uns jetzt als die rasche Flucht ephemerer (vorübergehender – M. J.) Erscheinungen." Schopenhauer, ein Philosoph des Pessimismus, hatte ein Gespür für die Dämonen der Depression, die in diesem Lebensalter verstärkt auftreten: „Die Heiterkeit und der Lebensmut unserer Jugend beruht zum Teil darauf, daß wir, bergaufgehend, den Tod nicht sehn; weil er am Fuß der anderen Seite des Berges liegt. Haben wir aber den Gipfel überschritten, dann werden wir den Tod, welchen wir bis dahin nur vom Hörensagen kannten, wirklich ansichtig, wodurch, da zu derselben Zeit die Lebenskraft zu ebben beginnt, auch der Lebensmut sinkt; so daß jetzt ein trüber Ernst den jugendlichen Übermut verdrängt und auch dem Gesichte sich aufdrückt."

Ich möchte nicht so weit gehen, mit dem Frankfurter Philosophen die Stimmung des Alterns mit der Depression der Todeszelle zu vergleichen. Schopenhauer meint: „Denn im spätern Alter erregt jeder verlebte Tag eine Empfindung, welche der verwandt ist, die bei jedem Schritt ein zum Hochgericht geführter Delinquent hat."

Ich neige mehr dem Wort des neunundsiebzigjährigen Goethe zu: „Jeder Morgen ruft uns zu, das Gehörige zu tun und das Mögliche zu erwarten." Das ändert aber nichts daran, daß das Altern und der Abschied vom jungen Leben eine der großen Kränkungen, Herausforderungen und Chancen unseres Lebens darstellt. Jeder erlebt das auf seine ureigene Weise, die Ängste wie die Hoffnungen, die Bestürzungen wie die Freuden.

Ich erinnere mich noch genau an den Zeitpunkt und die Gefühlslage aus Verunsicherung, Trotz und Vergeblichkeit, als ich, knapp über fünfzig, meine ersten grauen Haare entdeckte. Mit einem kräftigen Shampoo versuchte ich über Monate hinweg, mein blondes Haar zu bewahren. Es war ebenso sinnlos, als wenn ich meinen Alterungsprozeß stoppen wollte. Der Prozeß des Grauwerdens vollzog sich bei mir in rasantem Tempo. Das hat mich verblüfft, gekränkt, verunsichert. Einige Monate später gab ich das unwürdige Spiel mit der Haartönung auf. Ich akzeptierte den „grauen Esel" in mir. Ich fühlte mich wieder wohler. Eine neue Phase in meinem Leben hatte, optisch sichtbar, begonnen. Ich müßte lügen, wenn ich sagte, der Abschied vom jüngeren Mann hätte mich nicht traurig gemacht. Es hat weh getan. Es war wie ein sanfter, bohrender Schmerz, nicht dramatisch, aber unüberhörbar. Ich bin meinem Tod ein Stück nähergerückt. Erstmals beginne ich, mich als alten Mann vorstellen zu können.

Der Eintritt in die zweite Lebenshälfte ist ein Übergang ohne Rückkehr. In seinem Vortrag „Die Lebenswende" (1930) äußert der Psychoanalytiker Carl Gustav Jung tiefe Einsichten über das Wesen dieses Lebensprozesses, der, wie ich selbst in der Beratungspraxis oft erlebe, häufig mit Krisen und Verunsicherungen verbunden ist. C. G. Jung: „Die sehr häufigen neurotischen Störungen des erwachsenen Alters haben alle das eine gemeinsam, daß sie nämlich die Psychologie der Jugendphase über die

Schwelle des berühmten Schwabenalters hinüber-
retten wollen." Der Mensch in der Lebensmitte-
krise „kann sich anscheinend in den grauen Gedanken des Altwerdens nicht finden und schaut deshalb krampfhaft zurück, weil der Ausblick nach
vorne unerträglich ist. Wie der kindhafte Mensch
vor der Unbekanntheit der Welt und des Lebens
furchtsam zurückschreckt, so weicht auch der
Erwachsene vor der zweiten Lebenshälfte zurück,
wie wenn dort unbekannte, gefährliche Aufgaben
seiner harrten, oder wie wenn er dort von Opfern
und Verlusten bedroht wäre, die er nicht auf sich
nehmen könnte, oder wie wenn ihm das bisherige
Leben so schön und so teuer vorkäme, daß er es
nicht missen könnte."

Der Schweizer Psychologe verwendet für die
Kurvatur unseres Lebenslaufes das Bild der Sonne:
„Die Erfahrung zeigt ..., daß Grund und Ursache
aller Schwierigkeiten dieses Überganges eine tief-
liegende, merkwürdige Veränderung der Seele ist.
Um dies zu charakterisieren, möchte ich den täg-
lichen Sonnenlauf zum Gleichnis nehmen. Denken
Sie sich eine Sonne, von menschlichem Gefühl und
menschlichem Augenblicksbewußtsein beseelt. Am
Morgen entsteht sie aus dem mächtigen Meere der
Unbewußtheit und erblickt nun die weite, bunte
Welt in immer weiterer Erstreckung, je höher sie
sich am Firmament erhebt. In dieser Erweiterung
ihres Wirkungskreises, die durch das Aufsteigen
verursacht ist, wird die Sonne ihre Bedeutung
erkennen und ihr höchstes Ziel in größtmöglicher
Höhe und damit auch in größtmöglicher Er-

streckung ihres Segens erblicken. Mit dieser Überzeugung erreicht die Sonne die unvorhergesehene Mittagshöhe – unvorhergesehen, weil ihre einmalige individuelle Existenz ihren Kulminationspunkt nicht vorher wissen konnte. Um zwölf Uhr mittags beginnt der Untergang. Und der Untergang ist die Umkehrung aller Werte und Ideale des Morgens. Die Sonne wird inkonsequent. Es ist, wie wenn sie ihre Strahlen einzöge. Licht und Wärme nehmen ab bis zum schließlichen Erlöschen."

Keiner kann uns unseren eigenen Weg lehren, schon gar nicht die Metamorphose vom jungen zum älteren und zum alten Menschen. In diesem Sinn sind wir alle Analphabeten des Lebens und müssen mühsam das ABC von Glück und Leid buchstabieren lernen. C. G. Jung: „Das Schlimmste an all diesen Dingen ist, daß kluge und gebildete Menschen dahinleben, ohne von der Möglichkeit solcher Veränderungen zu wissen. Gänzlich unvorbereitet treten sie die zweite Lebenshälfte an. Oder gibt es irgendwo Schulen, nicht bloß Hoch-, sondern Höhere Schulen für Vierzigjährige, die sie ebenso auf ihr kommendes Leben und seine Anforderungen vorbereiten, wie die gewöhnlichen und Hochschulen unserer jungen Leute in die Kenntnis von Welt und Leben einführen?" Jung nennt das Dilemma beim Namen: „Nein, aufs tiefste unvorbereitet treten wir in den Lebensnachmittag, schlimmer noch, wir tun es unter der falschen Voraussetzung unserer bisherigen Wahrheiten und Ideale." Jung kommt zu der fundamentalen Erkenntnis: „Wir können den Nachmittag des Lebens nicht nach demselben Programm leben wie den Morgen, denn was am Morgen viel ist, wird am Abend wenig sein, und was am Morgen wahr ist, wird am Abend unwahr sein."

Nach C. G. Jung ist es für den jugendlichen Menschen beinahe Sünde, zu viel mit sich selbst beschäftigt zu sein, „für den alternden Menschen ist es eine Pflicht und eine Notwendigkeit, seinem Selbst ernsthafte Betrachtung zu widmen". Das neue Programm für die zweite Lebenshälfte in und außer sich zu entdecken, bedeutet, so scheint mir, dem eigenen Altern Würde, schöpferische Kraft, Neugier, Wildheit und Überraschungsfülle zu geben. Altern ist, tief gelebt, kein Todesurteil, sondern Aufruf zur immerwährenden Neugeburt.

„Seien wir ehrlich, Leben ist immer lebensgefährlich", reimte Erich Kästner. Keine Institution, keine Kirche, keine Politik, keine Medien, keine Gurus und selbsternannten Wortführer können mir meinen Lebenssinn vorgeben. Wie noch nie Menschen vor uns müssen wir heute unser Selbst durch uns selbst definieren. Nach dem Zusammenbruch der Ideologien, des stalinistischen Kommunismus wie des Kasernenhofkatholizismus vatikanischer Prägung, der tradierten Werte, Familien-, Ehe- und Arbeitsnormen sind wir, wie die Psychologen sagen, mit einer Ära des „erzwungenen Individualismus" konfrontiert.

„Anything goes", sagt der Sozialphilosoph Paul Feyerabend, alles geht, alles ist machbar, erlaubt ist, was gefällt. Die neuen Freiheiten der heutigen Industrie- und Freizeitgesellschaft stellen uns – im

Gegensatz zu den Generationen früherer Jahrhunderte – vor den gebieterischen Zwang, in einer fließenden, instabilen, aber auch spannungsvoll aufregenden Welt eine eigene Identität zu suchen und uns immer wieder neu zu stabilisieren. Es bleibt uns nichts anderes übrig, als unsere Persönlichkeit selbst zu formen und zu entwickeln. Die alten Prägestöcke Geschlecht, soziale Herkunft, Kirche, Schule, Land und Stadt, Dialekt, Familie sind nicht mehr die entscheidenden Stützen des persönlichen Halts. Beziehungen stellen sich nicht mehr von selbst her wie in der alten, geschlossenen Gesellschaft. Um der Einsamkeit der Leistungsgesellschaft zu entrinnen, müssen wir selbst kommunikationsfähig werden und Beziehungen aufbauen. Wir müssen selbst neue Visionen für sinnvolle Arbeit, Innovationen, private Weiterbildung, schöpferische Freizeit entwickeln.

„In deiner Brust sind deines Schicksals Sterne", meinte Schiller. Er konnte die Explosion der Freiheitschancen von heute nicht ahnen. Wovon die klassischen Dichter und Philosophen träumen, die humane Emanzipation des Menschen und seine Ichfindung, das wäre heute im Reichtum der Überfluß-, Informations- und Freizeitgesellschaft realisierbar. Wie sagte doch der Theologe und Philosoph Friedrich Wilhelm von Schelling (1775–1854): „Sei! im höchsten Sinne des Wortes; höre auf, selbst Erscheinung zu sein; strebe, ein Wesen an sich zu werden! – dies ist die höchste Forderung aller praktischen Philosophie."

Die zweite Lebenshälfte bewußt zu wagen, bedeutet die Chance, von der bisherigen „neurotischen Lebensverunstaltung", wie der große österreichische Psychiater Erwin Ringel das genannt hat, Abschied zu nehmen. Die Sanduhr des verrinnenden Lebens läuft. Jetzt ist es höchste Zeit – wann denn sonst? –, meine quälenden geistigen Selbstverstümmelungen zu erkennen und zu beenden.

In den folgenden Kapiteln versuche ich, die Themen zu entfalten, die meiner Beobachtung nach im Älterwerden besondere Bedeutung erhalten. Meine Gedanken basieren hierbei auf den Vorträgen, Reflexionen und Märcheninterpretationen, die ich im Lahnsteiner „Dr. Max Otto Bruker-Haus", im Rahmen der wöchentlichen Dienstagabend-Vorträge, den Ausbildungsseminaren der GGB-Gesundheitsberaterinnen und Gesundheitsberater, wie in den Selbsterfahrungsgruppen für Frauen und Männer entwickle:

Die Anstrengung, den Panzer meines Mißtrauens zu sprengen und das zu gewinnen, was mir in der Kindheit versagt war, das Urvertrauen.

Der Mut zum „Nein in der Liebe", zur offenen Auseinandersetzung, Konturenziehung und Selbstbehauptung.

Der Mut, die Inszenierung der eigenen Eifersucht zu durchschauen, die Minderwertigkeitskomplexe zu erkennen, daran zu arbeiten, sich liebend anzunehmen und die Liebe als Knochenarbeit zu begreifen. Dann entsteht am Ende vielleicht jenes Glück, das Hilde Domin in einem Achtzeiler so anrührend lyrisch beschwört:

*Dein Ort ist
wo Augen dich ansehen.
Wo sich die Augen treffen
entstehst du
es gibt dich
weil Augen dich wollen
dich ansehen und sagen
daß es dich gibt.*

Nachdenken über die schmerzliche Lebenserfahrung des Verlassens und des Verlassenwerdens.

Zweite Lebenshälfte als der Ort, den „Schatten" (C. G. Jung), das mir Unangenehme in meiner Seele und das von mir Ungelebte anzuschauen und zuzulassen.

Meine verborgenen depressiven Gestimmtheiten als Chance der Veränderung meiner Lebensumstände zu begreifen.

Mich umgekehrt aber auch der Frage zu stellen, ob Alter und Krankheit unbedingt Synonyme, naturnotwendige Zwillinge sind. In dem Gespräch mit Dr. Max Otto Bruker, der, Jahrgang 1909, sich 1995, zum Zeitpunkt des Interviews, geradezu strotzender Gesundheit erfreute, habe ich versucht, den hartnäckigen Mythos der „Alterskrankheiten" und „Verschleißkrankheiten" aufzuhellen.

Lebe ich im Modus des Scheins oder des Seins? Diese Frage hat den Märchenerzähler Hans Christian Andersen wie den Psychologen Erich Fromm beschäftigt.

Wie steht es jetzt, wo die Sonne meines Lebens den Zenit überschritten hat, mit dem Verhältnis zu meinen Geschwistern? Keine Beziehung ist länger, oft konfliktreicher, aber auch nährender als die mit einer Schwester oder einem Bruder.

Die zweite Lebenshälfte wird oft mit dem Geringerwerden oder gar dem Verlust der Sexualität ineins gesetzt. Muß das sein? Könnte nicht, im Gegenteil, diese Lebensphase uns einen von Verhütungsfragen und Beziehungsclinch befreiten, lustvolleren Eros bescheren?

Was wäre schließlich eine Erkundung über die Welt des Alterns, wenn sie nicht die Sache mit dem Tod bedächte und an ihrem Ende die zarten Konturen einer Philosophie des Glücks skizzierte!

Die zweite Lebenshälfte kann das Glück bedeuten, bei sich selbst anzukommen. Wir haben unser Lehrgeld bezahlt. Wir begreifen: Es gibt keinen Umweg um den Dschungel des Lebens. Wir müssen mitten hindurch. In Hermann Hesses „Siddhartha" eröffnet der Fährmann am großen Strom dem alt gewordenen Lebenssucher Siddhartha die Wahrheit: Nichts habe ihn davor schützen können, selbst das Leben zu leben, selbst sich mit dem Leben zu beschmutzen, selbst Schuld auf sich zu laden, selbst den bitteren Trank zu trinken, selber seinen Weg zu finden: „Glaubst du denn, Lieber, dieser Weg bleibe irgend jemandem vielleicht erspart?" Siddhartha, der Sohn aus vornehmem Brahmanengeschlecht, lernt als Gehilfe des Fährmanns das Geheimnis des unaufhörlich flutenden Flusses als das Gleichnis des Lebens zu begreifen: „Klage der Sehnsucht und Lachen des Wissenden, Schrei des Zorns und Stöhnen des Sterbenden, alles war eins, alles war ineinander verwoben und verknüpft, tausendfach verschlungen. Und alles zusammen, alle Stimmen, alle Ziele, alles Sehnen, alle Leiden, alle Lust, alles Gute und Böse, alles zusammen war die Welt. Alles zusammen war der Fluß des Geschehens, war die Musik des Lebens."

Zweite Lebenshälfte, das mag bedeuten, den Verletzungen des eigenen Ich ein Ende zu machen, der Wahrheit der Welt in das Auge zu blicken und der Welt die eigene Wahrheit unbequem entgegenzusetzen, wie es der österreichische Dichter Peter Turrini so kompromißlos ausgedrückt hat:

Wie lange noch
werde ich alles hinunterschlucken
und so tun,
als sei nichts gewesen?

Wie lange noch
werde ich auf alle eingehen
und mich selbst
mit freundlicher Miene
vergessen?

Wie lange
müssen sie mich noch schlagen,
bis dieses lächerliche Grinsen
aus meinem Gesicht fällt?

Wie lange noch
müssen sie mir ins Gesicht spucken,
bis ich mein wahres
zeige?

*Wie lange
kann ein Mensch
sich selbst nicht lieben?*

*Es ist so schwer,
die Wahrheit zu sagen,
wenn man gelernt hat,
mit der Freundlichkeit
zu überleben.*

Wir können glücklich werden, wenn wir den Mut haben, uns selbst nicht länger auszuweichen: zweite Lebenshälfte als Chance. Das Glück fällt uns nicht in den Schoß. Wir müssen kämpfen. Um unsere Wahrhaftigkeit, unsere Klarheit, unsere Liebesfähigkeit. Wer nicht handelt, wird behandelt. „Der glückliche Mensch", sagt der nach 98 kämpferischen Lebensjahren friedlich verstorbene Philosoph Bertrand Russel in „Die Eroberung des Glücks" (Suhrkamp), „der glückliche Mensch ist derjenige, der die Einheit seines Ichs zu wahren weiß, dessen Persönlichkeit weder in sich selbst gespalten, noch gegen die ganze Außenwelt feindlich gesinnt ist. Ein solcher Mensch fühlt sich als ein Bürger des Alls, der ohne Hemmung das Schauspiel, das sich bietet, und die Freuden, die es schenkt, genießen kann – unbekümmert von dem Gedanken an den Tod, weil er sich von denen, die nach ihm sein werden, nicht wirklich getrennt fühlt. In solch inniger, naturbestimmter Vereinigung mit dem Strom des Lebens vollzieht sich die tiefste Beglückung, die wir finden können."

Hans mein Igel
oder
Das Wagnis, meinen Panzer zu sprengen

In der zweiten Lebenshälfte reiben wir uns schmerzhaft an der seelischen Hornhaut, die wir uns zum Schutz gegen die Härten der Außenwelt zugelegt haben. Wir igelten uns ein, nun spüren wir, wie die Stacheln sich nicht nur gegen außen, sondern auch gegen innen richten. In dem Märchen „Hans mein Igel" ist die Geschichte dieser Seelenverpanzerung und ihrer Befreiung enthalten. Ich verdanke die Interpretation des Märchens, das ich inzwischen mit insgesamt über tausend Seminarteilnehmern immer wieder durchgearbeitet habe, ursprünglich dem wundervollen Büchlein der Konstanzer Professorin und Psychotherapeutin Ingrid Riedel (Hans mein Igel, Kreuz Verlag). Lesen wir zuerst das Grimmsche Märchen.

Es war einmal ein Bauer, der hatte Geld und Gut genug, aber wie reich er war, so fehlte doch etwas an seinem Glück: er hatte mit seiner Frau keine Kinder. Öfters, wenn er mit den andern Bauern in die Stadt ging, spotteten sie und fragten, warum er keine Kinder hätte. Da ward er endlich zornig, und als er nach Haus kam, sprach er: „Ich will ein Kind haben, und sollt's ein Igel sein." Da kriegte seine Frau ein Kind, das war oben ein Igel und unten ein Junge, und als sie das Kind sah, erschrak sie und sprach: „Siehst du, du hast uns

verwünscht." Da sprach der Mann: „Was kann das alles
helfen, getauft muß der Junge werden, aber wir können
keinen Gevatter dazu nehmen."

Die Frau sprach: „Wir können ihn auch nicht anders
taufen als Hans mein Igel." Als er getauft war, sagte der
Pfarrer: „Der kann wegen seiner Stacheln in kein
ordentlich Bett kommen." Da ward hinter dem Ofen
ein wenig Stroh zurechtgemacht und Hans mein Igel
daraufgelegt. Er konnte auch an der Mutter nicht trinken, denn er hätte sie mit seinen Stacheln gestochen. So
lag er da hinter dem Ofen acht Jahre, und sein Vater
war ihn müde und dachte, wenn er nur stürbe; aber er
starb nicht, sondern blieb da liegen. Nun trug es sich zu,
daß in der Stadt ein Markt war, und der Bauer wollte
hingehen, da fragte er seine Frau, was er ihr sollte mit-
bringen. „Ein wenig Fleisch und ein paar Wecke, was
zum Haushalt gehört", sprach sie. Darauf fragte er die
Magd, die wollte ein paar Toffeln und Zwickelstrümpfe.
Endlich sagte er auch: „Hans mein Igel, was willst du
denn haben?" – „Väterchen", sprach er, „bring mir doch
einen Dudelsack mit." Wie nun der Bauer wieder nach
Haus kam, gab er der Frau, was er ihr gekauft hatte,
Fleisch und Wecke, dann gab er der Magd die Toffeln
und die Zwickelstrümpfe, endlich ging er hinter den
Ofen und gab dem Hans mein Igel den Dudelsack. Und
wie Hans mein Igel den Dudelsack hatte, sprach er:
„Väterchen, geht doch vor die Schmiede und laßt mir
meinen Göckelhahn beschlagen, dann will ich fortreiten
und will nimmermehr wiederkommen." Da war der
Vater froh, daß er ihn loswerden sollte, und ließ ihm den
Hahn beschlagen, und als er fertig war, setzte sich Hans
mein Igel darauf, ritt fort, nahm auch Schweine und Esel
mit, die wollt er draußen im Walde hüten. Im Wald aber
mußte der Hahn mit ihm auf einen hohen Baum fliegen,
da saß er und hütete die Esel und Schweine und saß

lange Jahre, bis die Herde ganz groß war, und wußte sein Vater nichts von ihm. Wenn er aber auf dem Baum saß, blies er seinen Dudelsack und machte Musik, die war sehr schön. Einmal kam ein König vorbeigefahren, der hatte sich verirrt, und hörte die Musik; da wunderte er sich darüber und schickte seinen Bedienten hin, er sollte sich einmal umgucken, wo die Musik herkäme. Er guckte sich um, sah aber nichts als ein kleines Tier auf dem Baum oben sitzen, das war wie ein Göckelhahn, auf dem ein Igel saß, und der machte die Musik. Da sprach der König zum Bedienten, er sollte fragen, warum er dasäße und ob er nicht wüßte, wo der Weg in sein Königreich ginge. Da stieg Hans mein Igel vom Baum und sprach, er wollte den Weg zeigen, wenn der König ihm wollte verschreiben und versprechen, was ihm zuerst begegnete am königlichen Hofe, sobald er nach Hause käme. Da dachte der König: Das kann ich leicht tun, Hans mein Igel versteht's doch nicht, und ich kann schreiben, was ich will. Da nahm der König Feder und Tinte und schrieb etwas auf, und als es geschehen war, zeigte ihm Hans mein Igel den Weg, und er kam glücklich nach Haus. Seine Tochter aber, wie sie ihn von weitem sah, war so voll Freuden, daß sie ihm entgegenlief und ihn küßte. Da gedachte er an Hans mein Igel und erzählte ihr, wie es ihm gegangen wäre und daß er einem wunderlichen Tier hätte verschreiben sollen, was ihm daheim zuerst begegnen würde, und das Tier hätte auf einem Hahn wie auf einem Pferde gesessen und schöne Musik gemacht; er hätte aber geschrieben, es sollt's nicht haben, denn Hans mein Igel könnt es doch nicht lesen. Darüber war die Prinzessin froh und sagte, das wäre gut, denn sie wäre doch nimmermehr hingegangen.

Hans mein Igel aber hütete die Esel und Schweine, war immer lustig, saß auf dem Baum und blies auf sei-

23

nem Dudelsack. Nun geschah es, daß ein anderer König
gefahren kam mit seinen Bedienten und Laufern und
hatte sich verirrt und wußte nicht, wieder nach Hause
zu kommen, weil der Wald so groß war. Da hörte er
gleichfalls die schöne Musik von weitem und sprach zu
seinem Laufer, was das wohl wäre, er sollte einmal
zusehen. Da ging der Laufer hin unter den Baum und
sah den Göckelhahn sitzen und Hans mein Igel oben-
drauf. Der Laufer fragte ihn, was er da oben vorhätte.
„Ich hüte meine Esel und Schweine; aber was ist Euer
Begehren?" Der Laufer sagte, sie hätten sich verirrt und
könnten nicht wieder ins Königreich, ob er ihnen den
Weg nicht zeigen wollte. Da stieg Hans mein Igel mit
dem Hahn vom Baum herunter und sagte zu dem alten
König, er wolle ihm den Weg zeigen, wenn er ihm zu
eigen geben wollte, was ihm zu Haus vor seinem königlichen Schlosse zuerst begegnen würde. Der König sagte
ja, und unterschrieb sich dem Hans mein Igel, er sollte
es haben. Als das geschehen war, ritt er auf dem
Göckelhahn voraus und zeigte ihm den Weg und
gelangte der König glücklich wieder in sein Reich. Wie
er auf den Hof kam, war große Freude darüber. Nun
hatte er eine einzige Tochter, die war sehr schön, die
lief ihm entgegen, fiel ihm um den Hals und küßte ihn
und freute sich, daß ihr alter Vater wiederkam. Sie
fragte ihn auch, wo er so lange in der Welt gewesen
wäre, da erzählte er ihr, er hätte sich verirrt und wäre
beinahe gar nicht wiedergekommen, aber als er durch
einen großen Wald gefahren wäre, hätte einer, halb wie
ein Igel, halb wie ein Mensch, rittlings auf einem Hahn
in einem hohen Baum gesessen und schöne Musik
gemacht, der hätte ihm fortgeholfen und den Weg
gezeigt, er aber hätte ihm dafür versprochen, was ihm
am königlichen Hofe zuerst begegnete, und das wäre
sie, und das täte ihm nun so leid. Da versprach sie ihm

*aber, sie wollte gerne mit ihm gehen, wann er käme,
ihrem alten Vater zuliebe.*

*Hans mein Igel aber hütete seine Schweine, und die
Schweine bekamen wieder Schweine und wurden ihrer
so viel, daß der ganze Wald voll war. Da wollte Hans
mein Igel nicht länger im Walde leben und ließ seinem
Vater sagen, sie sollten alle Ställe im Dorf räumen, denn
er käme mit einer so großen Herde, daß jeder schlachten könnte, der nur schlachten wollte. Da war sein
Vater betrübt, als er das hörte, denn er dachte, Hans
mein Igel wäre schon lange gestorben. Hans mein Igel
aber setzte sich auf seinen Göckelhahn, trieb die
Schweine vor sich her ins Dorf und ließ schlachten; hu!
da war ein Gemetzel und ein Hacken, daß man's zwei
Stunden weit hören konnte. Danach sagte Hans mein
Igel: „Väterchen, laß mir meinen Göckelhahn noch
einmal vor der Schmiede beschlagen, dann reit' ich fort
und komme mein Lebtag nicht wieder." Da ließ der
Vater den Göckelhahn beschlagen und war froh, daß
Hans mein Igel nicht wiederkommen wollte.*

*Hans mein Igel ritt fort in das erste Königreich, da
hatte der König befohlen, wenn einer käme auf einem
Hahn geritten und hätte einen Dudelsack bei sich, dann
sollten alle auf ihn schießen, hauen und stechen, damit
er nicht ins Schloß käme. Als nun Hans mein Igel
dahergeritten kam, drangen sie mit den Bajonetten auf
ihn ein, aber er gab dem Hahn die Sporen, flog auf,
über das Tor hin vor des Königs Fenster, ließ sich da
nieder und rief ihm zu, er sollt ihm geben, was er versprochen hätte, sonst wollt er ihm und seiner Tochter
das Leben nehmen. Da gab der König seiner Tochter
gute Worte, sie möchte zu ihm hinausgehen, damit sie
ihm und sich das Leben rettete. Da zog sie sich weiß an,
und ihr Vater gab ihr einen Wagen mit sechs Pferden
und herrliche Bediente, Geld und Gut. Sie setzte sich*

ein, und Hans mein Igel mit seinem Hahn und Dudelsack neben sie, dann nahmen sie Abschied und zogen
fort, und der König dachte, er kriegte sie nicht wieder
zu sehen. Es ging aber anders, als er dachte; denn als sie
ein Stück Wegs von der Stadt waren, da zog ihr Hans
mein Igel die schönen Kleider aus und stach sie mit
seiner Igelhaut, bis sie ganz blutig war, sagte: „Das ist
der Lohn für eure Falschheit, geh hin, ich will dich
nicht", und jagte sie damit nach Hause, und war sie
beschimpft ihr Lebtag.

Hans mein Igel aber ritt weiter auf seinem Göckelhahn und mit seinem Dudelsack nach dem zweiten
Königreich, wo er dem König auch den Weg gezeigt
hatte. Der aber hatte bestellt, wenn einer käme, wie
Hans mein Igel, sollten sie das Gewehr präsentieren,
ihn frei hereinführen, Vivat rufen und ihn ins königliche Schloß bringen. Wie ihn nun die Königstochter
sah, war sie erschrocken, weil er doch gar zu wunderlich
aussah, sie dachte aber, es wäre nicht anders, sie hätte
es ihrem Vater versprochen. Da ward Hans mein Igel
von ihr bewillkommt und ward mit ihr vermählt, und
er mußte mit an die königliche Tafel gehen, und sie
setzte sich zu seiner Seite, und sie aßen und tranken.
Wie's nun Abend ward, daß sie wollten schlafen gehen,
da fürchtete sie sich sehr vor seinen Stacheln: er aber
sprach, sie sollte sich nicht fürchten, es geschähe ihr
kein Leid, und sagte zu dem alten König, er sollte vier
Mann bestellen, die sollten wachen vor der Kammertüre
und ein großes Feuer anmachen, und wann er in die
Kammer einginge und sich ins Bett legen wollte, würde
er aus seiner Igelshaut herauskriechen und sie vor dem
Bett liegen lassen: dann sollten die Männer hurtig her-
beispringen und sie ins Feuer werfen, auch dabeiblei-
ben, bis sie vom Feuer verzehrt wäre. Wie die Glocke
nun elfe schlug, da ging er in die Kammer, streifte die

*Igelshaut ab und ließ sie vor dem Bett liegen: da kamen
die Männer und holten sie geschwind und warfen sie ins
Feuer; und als sie das Feuer verzehrt hatte, da war er
erlöst und lag da im Bett ganz als ein Mensch gestaltet,
aber er war kohlschwarz wie gebrannt. Der König
schickte zu seinem Arzt, der wusch ihn mit guten Salben und balsamierte ihn, da ward er weiß und war ein
schöner junger Herr. Wie das die Königstocher sah, war
sie froh, und am andern Morgen stiegen sie mit Freuden
auf, aßen und tranken, und ward die Vermählung erst
recht gefeiert, und Hans mein Igel bekam das Königreich von dem alten König.*

*Wie etliche Jahre herumwaren, fuhr er mit seiner
Gemahlin zu seinem Vater und sagte, er wäre sein
Sohn; der Vater aber sprach, er hätte keinen, er hätte
nur einen gehabt, der wäre aber wie ein Igel mit
Stacheln geboren worden und wäre in die Welt gegangen. Da gab er sich zu erkennen, und der alte Vater
freute sich und ging mit ihm in sein Königreich.*

*Mein Märchen ist aus
und geht vor Gustchen sein Haus.*

In Märchen steckt die Wahrheit der Existenz. Märchen führen die Heldin oder den Helden in die realen Krisen des Lebens. Ob „Hans mein Igel" oder
„Rapunzel", das Kind des Märchens erlebt Einsamkeit, Anfechtung, Trauer, Verwahrlosung, nicht
selten Mißhandlung. Es muß hinaus ins Leben, es
muß Prüfungen bestehen; am Ende erringt es
Glück und Menschenwürde. Denn das Märchen ist
in das Gelingen verliebt. Märchen machen Mut.

Märchen schlagen sich auf die Seite der Kleinen und zu kurz Gekommenen. In einfachen, in Wahrheit aber höchst komplexen symbolischen Bildern beschreiben sie die Tiefenpsychologie von Krise und Entwicklung. Nach außen mit einem lieblichen Guß von Marzipan überzogen, bergen Märchen in ihrem Inneren Dynamit. Sie sind in ihrem grausamen Lebensrealismus authentisch und vorwärtsweisend.

Aber, so wirst Du dich, lieber Leser, fragen, was hat ein so exotisches Grimmsches Märchen wie „Hans mein Igel" mit mir zu tun? Ich bin keine Mißgeburt und auch nicht das unerwünschte Kind eines reichen Bauern, ich habe nie Schweine in einem Märchenwald gehütet, Königen keinen Weg gezeigt, keine Königstochter befreit und bin auf keinem Gockelhahn geritten. Was also will das Märchen für einen erwachsenen Mann oder eine mündige Frau von heute sagen?

Das Ehepaar, von dem hier die Rede ist, ist wohlhabend. Es könnte glücklich sein. Aber es ist unglücklich, weil es keine Kinder bekommt. Das eheliche Glück, so scheint es, macht sich hier allein an der Kinderfrage fest. Da wäre doch als erstes zu fragen, warum ist diese Ehe nicht fruchtbar? Ist es immer ein andrologischer oder gynäkologischer Defekt, wenn sich keine Kinder einstellen? Oder sagt nicht vielleicht die Seele ihr Nein, weil in Wirklichkeit die Liebe dieses Paares unfruchtbar und damit kein Platz für ein Kind ist? Dieses Paar jedenfalls hört nicht auf seine innere Stimme. Das Kind selbst, um das es hier geht, wird von Anfang an mit einer schweren Botschaft belastet. Der Vater wird nämlich in der Kneipe als Schlappschwanz verspottet, der es seiner Frau nicht „besorgen" kann. Er braucht das Kind als einen Beweis seiner Potenz. Wie steht es mit mir selbst? Bin ich um meiner selbst willen in die Welt gesetzt worden oder mit einer Fremdbotschaft? Sollte ich einmal den Betrieb des Vaters übernehmen? Der Mutter die eheliche Leere füllen? Eine schlechte Ehe kitten? Die Eitelkeit meiner Eltern befriedigen?

Das Kind im Märchen wird erzwungen und genauso sieht es aus. Es ist ein von Anfang an gestörtes Kind. Das Märchen charakterisiert die schwere seelische Behinderung mit den drastischen Worten, das Kind sei „oben ein Igel und unten ein Junge" geworden. Die Mutter erschrickt, als sie das Baby sieht. Das Entsetzen verschlägt ihr die Sprache. Sie kann nicht begreifen, daß die Störung des Kindes die gestörte Beziehung ihrer Partnerschaft widerspiegelt. Sie vermag nicht zu verstehen, daß allererst die Ehe selbst geheilt und damit dem Kind ein Nest des Urvertrauens gerichtet werden müßte. Diese Frau ist ohne Weiblichkeit und Mütterlichkeit. Man kann sich fragen – und das Märchen gibt uns darüber keine Auskunft –, was sie um ihre erfüllte Menschlichkeit gebracht hat. Hat sie so wenig Liebe bekommen, daß sie selbst keine Liebe weitergeben kann? Sie ist eine blasse, liebesunfähige Frau, die im Märchen rasch verschwindet. Ob sie stirbt oder seelisch verblaßt, das ist eher eine Randfrage. Dieser Vater und diese Mutter sind Menschen mit schlimmen Persönlichkeitsstörungen, wahre Eisberge. Wie soll ein Kind unter ihren kalten Händen gedeihen?

Wie so viele Eltern sind der Bauer und seine Frau wohlsituierte, reputierliche, angesehene Leute. Selbstverständlich können sie das Kind nicht aussetzen oder grob verwahrlosen lassen. Das gäbe einen Skandal. Nach außen muß die Form eingehalten, der Junge zur Taufe gebracht werden. Aber einen „Gevatter", einen Taufpaten, hat er nicht verdient. Wozu denn auch? Dieses schwierige Kind soll doch gar nicht glücklich leben. Man tut nur das Allernötigste für es. Wieviele Kinder leben und überleben so. Mit Essen und Trinken versorgt, in die Schule und zur Ausbildung geschickt, aber ohne wahre Liebe und Zuwendung.

Es ist schlimm, was hier passiert. Aber es passiert immer wieder bis auf den heutigen Tag, und viele von uns können ein Lied davon singen. „Hans mein Igel", so heißt es hier, „kann wegen seiner Stacheln in kein ordentliches Bett kommen." Das Bett steht aber symbolisch für Heimat, Akzeptanz, Urvertrauen. Wer kein Bett hat, der ist ein Obdachloser, ein Streuner, ein Berber. Der hat keinen richtigen Platz in der Welt. Für den stacheligen, in sich verschlossenen Hans wird hinter dem Ofen ein wenig Stroh zurechtgemacht. Was heißt das? Wohl nicht mehr und nicht weniger, als daß wir alle, wenn die Kindheit und die Jugend auch schlimm war, doch über Wärmequellen zum Überleben verfügten: eine Oma, einen Großvater, einen Onkel, ein Geschwister, einen Freund, einen Lehrer, eine Kindergärtnerin oder, im bescheidensten

Falle, eine Katze, einen Hund. Das waren Öfen, um uns daran zu wärmen und zu überleben.

Ich erinnere mich an einen Mann in einer Männergruppe in Lahnstein. Er war der Sohn hart arbeitender, kinderreicher, armer Bauern nach dem Krieg. Die Eltern waren karg, konnten ihre Gefühle nicht äußern, der Vater schlug wohl auch öfters zu. In seiner Gefühlssehnsucht klammerte sich der Junge an ein Kälbchen. Jeden Tag nach der Schule rannte er zu seinem Kälbchen, er sprach mit ihm, er fütterte es, er weinte in sein Fell, wenn er traurig war oder sich einsam fühlte. Eines Tages hatte er etwas „verbrochen". Der Vater bestrafte ihn furchtbar. Er sagte: „Jetzt wird dein Kälbchen geschlachtet. Du mußt es selbst zum Schlachthof bringen." Der Junge weinte, schrie, bat und bettelte. Aber es half nichts. Er mußte seinen liebsten Freund, das Kalb, in den Tod führen. Natürlich war das Kalb – was der Junge nicht wissen konnte – für den Schlachthof vorgesehen, aber der Vater definierte diesen Akt ausdrücklich als Strafe.

Als der Mann dieses Kindheitserlebnis erzählte, schluchzte er noch einmal vor Schmerz. Uns Männern stiegen die Tränen in die Augen.

Acht Jahre liegt der kleine Hans hinter dem Ofen. Der Vater wünscht ihm den Tod. Es sind wohl Jahre der Depression und des inneren Exils. Das Märchen gibt uns eine Ahnung davon, welche schrecklichen Notstände Kinder erleben und überleben. Es zeigt aber im gleichen Atemzug, welch zähes Leben in jedem von uns schlummert. Um zu

31

überleben, braucht dieses geschädigte Kind allerdings einen harten Stachelpanzer. Man muß sich dieses Kind als abweisend, wenig „attraktiv" und verschlossen vorstellen. Und doch hat es das Wünschen nicht verlernt. Solange wir wünschen, sind wir noch lebendig.

Als der Bauer zum Markt aufbricht, wünscht sich die Ehefrau lediglich ein wenig Fleisch und ein paar Wecke, „was zum Haushalt gehört"; es gebricht ihr an jeglicher seelischer Lebendigkeit. Schmuck, Kleider, ein Parfum, ein Hauch von Luxus – das liegt jenseits ihres eingeschränkten Horizonts. Hans aber wünscht sich einen Dudelsack. Wofür steht dieser Dudelsack in seiner Symbolik? Zweifellos dafür, daß dieses ungeliebte, schlecht ausgestattete Kind über innere Musikalität und Seelenreichtum verfügt. Daß es eine starke Lunge besitzt und fähig ist, laut und unmißverständlich mit der Welt zu kommunizieren. Daß es aggressiv sein kann, wenn es notwendig ist. Die alten Schotten haben das merkwürdige Instrument wohl nicht zufällig zur Militärmusik bei ihren Kriegszügen verwandt. Schließlich darf der Dudelsack auf der psychoanalytischen Symbolebene als hochgradig phallisch gelten und die erwachende männliche Sexualität des Jungen, den wir uns natürlich älter als acht Jahre vorstellen dürfen, signalisieren. Da ist jemand im Aufbruch.

Einen Gockelhahn und obendrein beschlagen, wünscht sich der Held für seinen Gang ins Leben. Der Hahn steht für die gockelige Männlichkeit, für

32

die maskuline Sexualität, aber auch für Wehrhaftigkeit, Stolz, Führungskraft und Orientierung. Denn als Hahn auf dem Kirchturm weist er die Himmelsrichtungen. Wie ein spanischer Kampfhahn beschlagen und mit Sporen versehen, ist er als Gegner ernstzunehmen.

Hans mein Igel bricht auf in den Wald. Der Wald ist die Welt, aber auch die Dunkelheit des Unterbewußtseins und die bergende mütterliche Fülle. Wir alle müssen in den Wald des Lebens, hinaus aus der Vertrautheit des Zuhause. Wir müssen das Material der Welt bearbeiten, die biblischen Talente, die uns mitgegeben sind, vermehren. Hier sind es Schweine und Esel mit ihrer unbändigen Fortpflanzungskraft, Sinnlichkeit und Leistungsfähigkeit. Schweine sind nahrhaft und Symbole des Glücks. Da hat einer Schwein. Und da wird einer zäh wie ein Esel.

Äußerlich sind diese Jahre grau, gleichermaßen eine Inkubationszeit der inneren Entwicklung. Wo wir hinter der Tarnung unserer seelischen Verpanzerung stecken und lange Jahre mit uns selbst beschäftigt sind, da mag die Welt den Prozeß unserer verborgenen Veränderung nicht ahnen. Veränderung aber, so tröstet uns das Märchen, braucht seine Zeit. Sie ist nicht auf die Schnelle zu haben. Sie führt in die Einsamkeit. So gesehen könnte man den Wald als einen Ort der Einsamkeit und der existentiellen Begegnung mit sich selbst verstehen. Jesus zieht sich 40 Tage in die Wüste zurück, Buddha sucht die Einsamkeit auf. In Saint Exupérys Erzählung „Der kleine

Prinz" erlebt der notgelandete Pilot in der Menschenleere der Wüste eine geheimnisvolle Wandlung, indem er seinem verschütteten kindlichen Ich in der wahrhaftigen Gestalt des kleinen Prinzen begegnet.

Einsamkeit ist das klassische Medium seelischer Evolution. Das hören wir nicht gerne. Mit unserer Unterhaltungsindustrie, vor allem der unablässig dudelnden Musik vom Kaufhaus bis zum Morgenwecker, übertönen wir das Schweigen und die Ängste in uns. C. G. Jung hat einmal gesagt, jeder Mensch macht soviel Lärm, wie er braucht – um die innere Stimme seiner Bedürftigkeit zu überdröhnen.

Nach wie vor ist dieser Hans mein Igel kein geselliger Kerl. Er kriegt vermutlich den Mund nicht auf. Er ist einer von denen, um die wir in der Realität einen Bogen machen. Zu wie eine Auster. Solche Menschen lieben wir nicht. Wenn wir selbst so eine Auster sind, dann hassen wir uns und halten uns für einen Trampel.

Dabei kann man bereits erkennen, daß der junge Mann in seinem Dickicht verholzter Gefühle kostbare Schätze birgt. Er macht Musik, „die war sehr schön". Er hütet das ihm Anvertraute, die Herde, ganz vortrefflich. Da entwickelt sich etwas. Vor allem aber gewinnt er hoch oben auf seinem Baum Überblick. Einen Überblick oder, sagen wir, eine innere Orientierung, die selbst königliche Menschen verloren haben. Die verirren sich nämlich. Die fragen ihn um Rat. Unser Held ist auch nicht dumm, er ist kein hilfloser Helfer, der sich selbst beim Helfen aus den Augen verliert. Er verlangt vielmehr für sein Helfen eine Gegenleistung. Das erste, was den beiden Königen am Hofe entgegenkommt, das will er, also etwas Lebendiges!

Aber, und auch hier ist das Märchen von trockenem Realismus, Hans muß sein Lehrgeld bezahlen. Er gerät an einen bösen und an einen guten Geschäftspartner. Tiefenpsychologisch gesprochen, könnte man den ersten König als einen bösen, den zweiten König als einen guten Vater-Archetyp bezeichnen. Hans wird lernen müssen, gute und böse Menschen zu unterscheiden. Das geht nur, indem man es ausprobiert, experimentiert, Irrtum und Versuch zuläßt. Das ist die Aufgabe des Lebens. Das Leben, sagt das Märchen, ist nun einmal keine gerade Straße. Wie sagen die Engländer: „The proof of the pudding is in the eating." Ob der Nachtisch etwas taugt, stellt sich erst heraus, wenn man ihn ißt und zulangt.

Seltsam scheint nur, daß unser Held, anstatt in die Königreiche, also den Entwurf seines zukünftigen Lebens aufzubrechen, zuerst nach Hause zurückkehrt. Psychologisch ist das stimmig. Wir sehnen uns nach dem Segen der Eltern. Wir tun alles, um die Wunden unseres kindlichen Ungeliebt- oder Zu-wenig-Geliebtseins zu heilen. Ohne diese Klärung und Ablösung vermögen wir unsere „libidinösen Energien" nicht auf die Welt zu richten. Hans mein Igel kehrt also mit der gewaltigen Herde nach Hause zurück. Jetzt, so sagt er sich, werde ich die Liebe meines Vaters gewinnen.

Was für ein tragischer Irrtum! Wenn wir noch so

35

strampeln, durch Leistung werden wir die Liebe nicht bekommen. In der Tiefe seines Herzens hält sich dieser Held nicht für liebenswert. Deswegen braucht er den materiellen Reichtum, die Esel und Schweine, um – vergeblich – das Herz des Vaters zu erweichen.

Als erwachsener Mensch, ob Frau oder ob Mann, sollte sich jeder einmal fragen: Wem will ich mit meinen unbändigen Leistungen etwas beweisen? Will ich nachträglich die Liebe verdienen, die mir die Eltern verweigerten? Bin ich auch noch liebenswert, wenn ich mit einer Querschnittslähmung im Rollstuhl sitze? Oder bin ich dann ein lästiges Nichts? Liebe ich mich selbst? Bin ich auf die Liebe der Eltern oder eines Partners *um jeden Preis* angewiesen? Ist es nicht lebensnotwendig für mich, endlich dorthin zu gehen, wo mir die Liebe entgegenschlägt, als mir ständig die alten Abweisungen neu zu organisieren?

Wieviel anders ist die biblische Geschichte vom verlorenen Sohn. Man muß nicht religiös sein, um die humane Botschaft zu verstehen. Hier kommt ein Sohn heim, abgerissen, verhurt, verludert und von Krankheiten gezeichnet. Da ist nichts, womit er dem Vater imponieren könnte. Da bleibt ihm keine Lüge und keine Verschleierung. Er wirft sich einfach in die Liebe. Er riskiert die Abweisung – und gewinnt.

Hans mein Igel dagegen erlebt ein Desaster, wie es vielen von uns widerfährt. Er gewinnt die Liebe nicht. Nach wie vor wünscht ihn der Vater zum Teufel. Erst diese schwere Enttäuschung hilft dem

Helden, die unendliche Geschichte der kindlichen Verletzungen zu beenden, nicht länger am Elternhaus zu klammern, sondern seinen ureigenen Lebensauftrag zu realisieren. Das Klammern an der Vergangenheit, der Blick zurück im Gram, so deutet das Märchen an, verschlingt erhebliche seelische Energien.

Hans mein Igel steht erst am Anfang seiner Lebensreise. Auch wenn Märchen mit einem Happy-End auszuklingen pflegen – „und so leben sie noch heute, wenn sie nicht gestorben sind" –, so ist in Wahrheit der Prozeß der Widersprüche das Grundgesetz des komplizierten Wesens Mensch. „Der Weltgeist will nicht fesseln uns und engen", heißt es in Hermann Hesses Gedicht „Stufen", „er will uns Stufe um Stufe heben, weiten, / kaum sind wir heimisch einem Lebenskreise und traulich eingewöhnt, / so droht Erschlaffen, nur wer bereit zu Aufbruch ist und Reise, / mag lähmender Gewöhnung sich entraffen." Wenn der Dichter in diesem Zusammenhang rät, „wir sollen heiter Raum um Raum durchschreiten…, um uns in Tapferkeit und ohne Trauern in andere, neue Bindungen zu geben", so ist der Lebensprozeß in Wahrheit oft erbarmungsloser. Hans mein Igel ist nämlich nicht nur der reine Tor und Simplicissimus, der kleine Heilige.

Hans ist ein Mensch in seinem Widerspruch. Einerseits hat er Führungskraft, inneren Reichtum und Intelligenz aus der Tiefe seines Bewußtseins und im Dialog mit den kreatürlichen Kräften der Natur entwickelt, andererseits ist er ein geschädigter Mensch. Geschädigte Menschen aber neigen dazu, ihre Schädigungen weiterzugeben, an anderen Menschen auszulassen. So bestraft er den betrügerischen König, indem er dessen Tochter entehrt und körperlich-seelisch peinigt.

Was geht hier vor? Als stellvertretende Strafe an der Tochter des königlichen Betrügers ist die Prozedur so barbarisch, daß sie kaum verständlich erscheint. Tatsächlich sagt Hans sich: „Jede Frau ist eine Verräterin. Ich muß sie unterjochen und bestrafen. Sie ist so süß, daß sie mir gefährlich wird. Immer habe ich mich nach der Süße einer Frau gesehnt. Wenn ich den Zauber einer Frau genossen habe, dann muß ich ihn zerstören, um selbst nicht in die Bannkraft dieser Hexe zu geraten." Ein solcher Mann ist eine tickende Zeitbombe. Die Verwundung des eigenen Ungeliebtseins, die ihm die Mutter, die erste Frau in seinem Leben, zugefügt hat, rächt er an allen Frauen. In jeder Frau steckt als Feind verborgen seine Mutter.

Natürlich kann man sich diese quälende Projektion auch als Reaktionsbildung einer in ihrer Kindheit ungeliebten Frau auf alle Männer vorstellen. Hans mein Igel wäre auch als Frau denkbar. Das Märchen ist nicht geschlechtsspezifisch zu vereinnahmen. Es steckt uns vielmehr eine allgemeingültige, folgenreiche Wahrheit auf: Wenn wir nicht die Kränkungen und Defizite unserer Kindheit seelisch aufarbeiten, Wut, Trauerarbeit und Versöhnung leisten, gehen wir unversöhnt durch die Welt, verletzt und verletzend, barbarisch gegen uns selbst und gegen andere. So können wir nie die Stacheln unse-

38

res Wesens verlieren. So verbarrikadieren wir uns auf Lebzeiten im Schutz- und Überlebenspanzer der frühen Jahre. So geben wir dem anderen keine Chance, in unser Herz zu gelangen. Wir bleiben Gefangene unseres Kindheitskerkers, Exekutoren unserer infantilen Rache- und Kompensationsbedürfnisse.

Unsere Erwachsenenbeziehungen sind voll von diesen reinszenierten Kindheitsdramen. Erst wenn wir uns von ihnen befreit haben, können wir als freie Individuen auf der erwachsenen Ebene dem Partner begegnen. Erst wenn wir uns selbst zu lieben gelernt haben, können wir darauf verzichten, als Mann in der Frau die Mutter und die symbiotische Verschmelzung mit ihr zu suchen, als Frau den Mann zum Vater und allmächtigen Beschützer zu stilisieren.

Das Märchen konzentriert den quälenden Lebensweg von Hans mein Igel auf diesen einen Punkt der unglückseligen Begegnung mit der ersten Königstochter. So dürfte es im wahren Leben nicht aussehen. Wer von den Schatten der Kindheit verfolgt wird, der wird immer wieder in die gleichen Beziehungsfallen laufen und immer wieder aus den Gefühlen des verletzten Kindes heraus agieren und Unheil anstiften. Viele Ehen und Beziehungen gehen so auseinander, ohne daß die Akteure dieses Dramas je das Geheimnis der verhängnisvollen Vergangenheitsdramaturgie zu entschlüsseln vermögen, das über ihnen waltete. Hinter der Fassade unseres Erwachsenseins verbirgt sich das Drama des verletzten Kindes.

39

Aber wie das Leben so ist, es gibt uns immer wieder neue Chancen. Hans mein Igel reitet weiter auf dem Gockelhahn seiner Männlichkeit und mit dem Dudelsack seiner Innerlichkeit nach dem zweiten Königreich, den neuen Lebenschancen entgegen. Hier wartet der gute Vater-Typus auf ihn. Hans mein Igel begreift, was unsere Chance ist. Wenn ich keinen guten Vater hatte, keine liebevolle Mutter besaß, so kann ich mir im späteren Leben doch einen neuen Vater, eine neue Mutter „adoptieren". Wenn wir in der zweiten Lebenshälfte unseren Werdegang betrachten, so entdecken wir rasch, wo diese guten Väter und guten Mütter unser Schicksal kreuzten. Das sind die Zauberer und Feen des Märchens. Es gibt sie, und das Märchen spricht voller Poesie und Dankbarkeit von ihnen.

Hier, im zweiten Königreich, wird das ungeliebte Menschenkind Hans endlich mit einem „Vivat – Er soll leben!" – empfangen, in die machtvolle Geborgenheit eines Schlosses geführt, an die königliche Tafel geladen und sein schier unermeßlicher Hunger nach tiefer Sättigung mit Speis und Trank und Liebe gestillt. Denn vergessen wir nicht, Hans mein Igel wurde die erste und grundlegendste Sättigung des Lebens, das Stillen an der mütterlichen Brust, verweigert. Er ist ein Flaschenkind des Lebens. Das Märchen gibt uns die tröstliche Botschaft: Wer in seiner Kindheit nicht in der liebenden Umarmung von Mutter und Vater emotional gestillt wurde, der ist noch lange nicht verloren. Das Leben, diese Urmutter mit ihren vielen

Brüsten, vermag uns noch als Erwachsene zu stillen. Wir müssen nur hingehen zu den Quellen des Seins: Die tiefsten Ressourcen erneuernder Menschlichkeit sind und bleiben Menschen im liebenden Gegenüber.

Natürlich ist die Königstochter, diese königlich reife Frau, erschrocken, als sie den ruppigen, kontaktarmen Mann vor sich sieht. Aber sie gibt ihm den Bonus der Liebe. Sie ahnt hinter der Dichte seiner Verpanzerung und Sprachkargheit das gute Herz, die Fülle seiner Anlagen. Sie weiß das Wesen dieses Menschen von seiner Erscheinung zu trennen. „Das Wesentliche ist für die Augen unsichtbar", sagt der Fuchs zum kleinen Prinzen bei Saint Exupéry, „man sieht nur mit dem Herzen gut."

In der Übersprungshandlung der Liebe überqueren wir die Barrieren der Äußerlichkeit im Flug. Wir sind großzügig, souverän, aber auch etwas blauäugig. Ohne diese Blauäugigkeit könnte man vermutlich kaum eine langwährende Beziehung eingehen. Neben einem gerüttelten Maß an Erfahrung ist auch die Naivität des Herzens eine kindliche und damit große Gabe. Unser Held gewinnt die Liebe, die Verbindung mit einer Frau. Aber noch immer ist sein Weg nicht zu Ende. Der formale Akt der Vermählung, der Gang zum Standesamt, markiert die juristische Hohlform der Verbindung, den Start der Liebe. Aber die Mühen der Ebene stehen erst noch an.

In der Intimität und dem Alltag der Beziehung, da zeigen sich die Stacheln der Persönlichkeit. Jetzt

41

schlagen die Stunden der Wahrheit. Da kann es einem angst und bang werden. Was hat sich diese Frau für einen Partner eingehandelt! Noch immer ist er wie mit Speerspitzen nach außen bestückt, leicht aufbrausend, möglicherweise physisch oder verbal gewalttätig. Doch unser Held ist innerlich weitergekommen. Er weiß jetzt um seine Abgründe und das Abspalten seiner Gefühle. Jetzt, auf der Marathonstrecke der Liebe im Alltag, ist er bereit, sich zu ändern. Dazu braucht er Hilfe. Da müssen vor allem Männer lernen, Hilfe anzunehmen.

Hans erkennt, daß es nicht gut ist, nach Männerart mit allen anderen Männern zu rivalisieren, den versteckten Bürgerkrieg der Aggression und wechselseitigen Abwertung zu führen. Er wünscht sich sehr starke, und das bedeutet wohl gefühlsmäßig zuverlässige Männer zum Befreiungswerk seiner eingeschlossenen Seele. Er bekommt die Hilfe. Die vier Männer stehen ihm bei, sich in einem gewaltigen Akt der Katharsis, einem Prozeß schmerzhafter Reinigung und Selbsterneuerung, umzuschmelzen zur neuen Persönlichkeit. Eines bleibt unserem tapferen Helden hierbei nicht erspart: Er muß aus der Sicherheit seines alten Schutzpanzers herauskriechen, sich seelisch nackt zeigen, auf jegliche Fassade verzichten, seine Bedürftigkeit zugeben und sich in die Liebe der Frau und der anderen Menschen werfen, bedingungslos. Dann erst wird er erlöst und ist gleichwohl noch immer nicht am Ziele.

Hans liegt jetzt im Bett, zum ersten Mal im Bett heimatlicher Geborgenheit, „ganz als ein Mensch

42

gestaltet, aber er war kohlschwarz wie gebrannt". Warum die Brandwunden? Nun, jeder von uns trägt die Narben der Kindheitswunden und ihrer meist schweren Heilung. Narben gehen, wie jeder Mediziner weiß, nicht von selbst weg. Wenn sie denn überhaupt beseitigt werden können, so nur durch fachmännische Intervention. Im Märchen ist es der Arzt, der Hans mein Igel „mit guten Salben" wäscht und „balsamiert". Gemeint ist, daß jeder seelische Heilungsprozeß ein nicht abreißendes Maß von Liebe, Verwöhnung und seelischer Präsenz braucht. „Amor vincit omnia", die Liebe besiegt alles, sagten die Römer. Die Liebe und nur die Liebe vermag bei dem Werk der Nachreifung und Lebenskorrektur zu assistieren. Nun wird Hans mein Igel ein „schöner junger Herr".

Jetzt erst – sicher nach Jahren eines mühevollen Prozesses – kann die eigentliche Hochzeit unseres Lebens gefeiert werden. Jetzt erst können wir mit Freuden essen und trinken. Jetzt schenkt uns das Leben unser Königreich, das Vermögen, mit uns selbst in Übereinstimmung zu sein und unsere Energien auf die souveräne Gestaltung der Welt zu bündeln. Der Panzer ist abgestreift, die Gefühle entbunden, das Sprechen gelernt. Und die Brust selbst wird zum Dudelsack schwingender Musikalität, der Gockelhahn, die Schweine, die Esel zu den inneren Anteilen eigener Fülle, die weiche, weiße Haut zum durchlässigen Kontaktorgan zur Welt.

Der Held hat sich von den Schatten der Kindheit

43

gelöst, er widmet sich „etliche Jahre" der Dynamik seines Lebens und der Kreativität seiner königlichen Persönlichkeit. Dann, mit der neugewonnenen Lebensfülle im Rücken, nimmt er sich noch einmal Zeit für die Elternauseinandersetzung. Er sucht seinen Vater auf. Er will ihm nicht imponieren. Er will nicht betteln. Er ist gelassen. Hans mein Igel hat die größte Liebesgeschichte seines Lebens erfolgreich absolviert: die Liebe zu sich selbst. Auch wenn der Vater ihn erneut ablehnte, so wäre Hans dadurch nicht mehr zu erschüttern. Hans hat die Lektionen gelernt, die jeder erwachsene Mensch lernen muß – sich selbst zu bevatern und zu bemuttern und keinem anderen diese übermenschliche Last aufzubürden.

Trauer und Wut über den nie gehabten Vater hat Hans mein Igel zugelassen. Jetzt schlägt die Stunde der Versöhnung, jetzt kann er vergeben. Gleichsam in Umkehrung der biblischen Geschichte vom verlorenen Sohn vermag er den Vater an die Hand zu nehmen, ihm zu verzeihen und ihn von der Starrheit seines Herzens zu erlösen. Das Vergeben ist eine persönlichkeitsstiftende Kraft, es reinigt uns vom Gift der alten Schlangenbisse, es stellt den inneren Frieden in uns her. Allerdings nur, wenn zuvor der Schmerz und die Wut über die zugefügte Not gefühlt wurden. Der alte Vater im Märchen freut sich und geht mit seinem großen Hans in dessen Königreich. Die unselige Kette der Verletzungen, die Stafette des neurotischen Zwangsverhaltens von den Eltern auf die Kinder und Kindeskinder, ist ein für allemal durchbrochen. Ein

44

neues Kapitel des Lebens und der Liebe kann beginnen.

Hans mein Igel lehrt uns, den Panzer, der uns einmal geschützt hat und der uns längst wie eine Ritterrüstung zu Boden drückt, zu sprengen. Wie sagte der Dichter Novalis: „Es ist eine Kunst, ein Mensch zu werden."

Ad me ipsum

Den Schmerz, der anklopft, laß ihn ein –
Was hülfe Furcht und Flucht?
Laß ihn das Kind im Hause sein,
Dann wurzelt er und wohnt sich ein
Und lohnt mit guter Frucht.

Bernt von Heiseler

Mut zur Abgrenzung

> *Wer seines Partners zu sicher ist, kann ihn nicht mehr lieben, denn in seiner Sicherheit übersieht er den Abgrund, der ihn vom anderen trennt. Dies ist der Grund, warum die Liebe in vielen Ehen so schnell erstickt: weil ihr der Sauerstoff der Freiheit, Autonomie, Ungewißheit und Einsamkeit ausgeht.*
>
> *Peter Schellenbaum,*
> *Das Nein in der Liebe*

Zweite Lebenshälfte – das bedeutet meist auch, sich in einer langwährenden Bindung wiederzufinden. Die Ehe erweist sich zäher als ein Zweikomponentenkleber. Die Familie wird unversehens zur Festung, die pulsierende Außenwelt ist hermetisch ausgeschlossen. Die Beziehung bekommt einen muffigen Geruch. Kein Wunder, wenn Meister Eros in diesem Gefängnis der Zweisamkeit zum Rentner altert. Erich Fromm hat in seinem Jahrhundertwerk „Die Kunst des Liebens" dieses schauerliche eheliche Exil so analysiert: „Man findet oft zwei ‚Verliebte', die niemanden sonst haben. Ihre Liebe ist in Wirklichkeit ein Egoismus zu zweit; es handelt sich dann um zwei Menschen, die sich miteinander identifizieren und die das Problem des Getrenntseins so lösen, daß sie das Alleinsein auf zwei Personen erweitern. Sie machen dann zwar die Erfahrung, ihre Einsamkeit zu überwinden, aber da sie von der übrigen Menschheit abgesondert sind, bleiben sie auch voneinander getrennt und einander fremd; ihr Erlebnis der Vereinigung ist damit eine Illusion. Erotische Liebe ist zwar exklusiv, aber sie liebt im anderen die ganze Menschheit, alles Lebendige."

Zur lebendigen Liebe gehört die Abgrenzung, gehört die Auseinandersetzung, ja der Streit genauso wie die Harmonie. Die paradiesische Verschmelzung ist ein Charakteristikum der jungen Liebe, der weltentrückten Verliebtheit. Auf diese Phase der Idealisierung und grandiosen Projektion, der Verschmelzung ineinander folgt naturnotwendig die Abgrenzung der Liebenden, das Abstecken der gegenseitigen Territorien, die erneute Isolierung jedes einzelnen. Das wird oft als Schock empfunden. Aus dem bedingungslosen Ja wird das bedingte Ja, aus der Entgrenzung die erneute Individuation und Grenzziehung. Das macht Angst. Das schafft Konflikte. Das läßt die Liebenden das Ende ihrer Liebe befürchten. In Wahrheit ist es allein das Ende der romantischen Illusion.

Auf die Phase der liebevollen Täuschung – du bist fehlerlos, du bist ohne Makel, du bist eine Traumfrau/Traummann – folgt die notwendige Phase der Ent-täuschung, des Realitätsprinzips. Oft vernachlässigen wir in den ersten Jahren unse-

47

rer Verliebtheit unsere Freundschaften nach außen. Wir verraten unsere bisherige beste Freundin, unseren besten Freund. Damit machen wir uns ärmer, wir lassen wichtige Teile unserer Persönlichkeit versteppen. Denn der Partner kann mir immer nur ein kleines Segment aller Weltmöglichkeiten präsentieren. Ebenso wie mir sind ihm ganze Bereiche des Lebens verschlossen. Er ist vielleicht musikalisch, aber dafür völlig unsportlich. Sie ist belesen, aber lebensunpraktisch. Er ist hochkontrolliert und kompetent, aber schwach in der Einfühlung und Lebenswärme. Sie ist wundervoll häuslich, aber dafür wenig neugierig und kaum außengerichtet. Er ist an Computern und Technik interessiert, dafür völlig unpolitisch usw.

Jeder von uns hat starke ungelebte Lebensanteile. Da können wir dem Partner nichts bieten; er wiederum reagiert auf manche unserer Ambitionen und Leidenschaften stumpf. Hier muß Welt in die Zweierbindung einfließen. Der Partner kann nie das ganze Tor zur Welt darstellen. Die Welt – das sind die Menschen, Freunde, Arbeitskollegen, Verwandte, Kinder, Ausländer, ja sogar Tiere für mich. Wo ich mich in die Zweisamkeit zurückziehe, verkrieche ich mich in die „Zweisiedelei". Nietzsche sagt dazu kritisch: „Zu Zwein ist man wahrlich einsamer als zu Einem" („Also sprach Zarathustra").

Auf die Dauer wird mein Leben langweilig. Ich werde langweilig. Ich sitze an der gedeckten Tafel des Lebens und lange nicht zu. Die Beschränkung auf den Partner läßt tief in mir Groll entstehen. Das Leben ist so bunt, ich aber beschränke mich auf eine einzige Dimension mit meinem Ehemann/meiner Ehefrau. Ich verharre im Schrebergarten spießiger Abschließung. Ich gebe meine Andersartigkeit, meine sperrige Identität, Stück für Stück auf.

Der Schweizer Psychotherapeut Peter Schellenbaum fordert in seinem Buch „Das Nein in der Liebe" die liebende Negation. Was das heißt? Etwa Aussagen wie: Ich bin ich. Ich bin anders als du. Ich will dich nicht nach meinem Bilde modeln. Ich lasse mich aber auch nicht von dir zurechtstutzen. Ich habe eigene Interessen. Du mußt sie nicht alle teilen. Ich muß auch nicht mit allen deinen Neigungen übereinstimmen. Ich möchte Bindung und Abgrenzung zu dir. Oder: Mir bedeutet meine Frauengruppe sehr viel, mache sie nicht lächerlich. Ich will mit meinen Männern vom Alpenverein jedes Jahr eine Bergtour unternehmen; darüber diskutiere ich nicht, das will ich einfach.

Der Mut zur Abgrenzung bedeutet das Ja zur Entwicklung. Wo eine Zweierbeziehung zum Gefängnis wird, unterbindet sie die Evolution des Paares, seinen kreativen Prozeß vom Alten zum Neuen. Schellenbaum spricht von drei Stufen im Gang der Liebe.

Die erste Stufe ist die Verschmelzung; sie wird rauschhaft und beseligend erfahren.

Es folgt die Stufe der Projektion. Ich projiziere hierbei unbewußt Eigenes in den anderen: Du bist – grandios oder grauenhaft – wie meine Mutter, wie mein Vater. Du bist einfach traumhaft. Du bist ein Monster. Ich presse hierbei den anderen in mein

49

Schema und nehme seinen Facettenreichtum nicht mehr wahr.

In der mündigen Liebe wird die Stufe der Projektion – ich schaffe mir den Partner nach meinem Bilde – von der Leitbildspiegelung abgelöst. Hier erfasse ich den Menschen, mit dem ich zusammenlebe, mit eben jenen Lebensmöglichkeiten, die mir fehlen, die er mir vorlebt. Er ist vielleicht großzügiger, gebildeter als ich. Sie ist fürsorglicher, beziehungsstiftender als ich – wieviel gibt es hier für mich abzuschauen und zu lernen! Ich darf aber auch realistisch sagen: Ich bewundere dich. Deine Bildung macht mich nicht klein. Deine überströmende Warmherzigkeit ist einmalig. Ich werde nie so gebildet sein wie du. Ich werde nie so auf Menschen zugehen können wie du. Das kann ich akzeptieren. Ich sehe, wo du mir überlegen bist. Ich fühle aber auch, wo ich stärker bin. Ist das nicht wundervoll? Sind wir in unserer Einzigartigkeit, unserer Stärke und Schwäche nicht spannend?!

Der Mut zur Abgrenzung bedeutet aber auch, mit der Ideologie des chronisch glücklichen Paares Schluß zu machen. Das „glückliche Paar" kennt kein rigoroses Nein. Sein Credo lautet: „Wir streiten nie." Wie grauenhaft! Wo bleibt die Wut bei einem solchen Paar? Die Kritik, die Aggression, die mühsame Beziehungsarbeit um neue Anpassungen? Wie geht so ein „glückliches Paar" mit seinen jeweiligen Schatten um? Jeder von uns ist *auch* egoistisch, eifersüchtig, boshaft, rücksichtslos, lüstern, langweilig, brennend ehrgeizig, konfus, ruppig, kleinkariert … Jeder von uns ist von seiner Familie, von seinem sozialen Milieu geprägt, aggressionsstark oder aggressionsgehemmt, in finanziellen Angelegenheiten geizig oder großzügig, bringt Urteile und Vorurteile aus der Ursprungsfamilie mit. Das Austragen und Einregulieren dieser Gegensätze macht die Lebendigkeit einer Beziehung aus.

Zwischen einer protestantischen Norddeutschen mit einem technischen Beruf und einem katholischen Süddeutschen mit musischer Profession bestehen möglicherweise Distanzen wie zwischen den Kontinenten unseres Erdballs. Was weiß ein Mann schon vom Innenleben einer Frau? Wieviel Rätsel verbergen sich für die Frau in der Sexualität eines Mannes? Anatomie und soziale Dressur sind Schicksal. Jede Liebesbeziehung kennt auch böse Gefühle. Beziehung heißt aufeinanderstoßen, sich kennenlernen, sich verletzen durch „error" (Irrtum) und „trial" (Versuch), eine Synthese, eine völlig einmalige Beziehung zu schaffen, die es in dieser Form nicht noch einmal auf dieser Welt gibt.

Das ist ein Abenteuer, das ist Schwerstarbeit, das ist sozusagen eine künstlerische Performance. Das „glückliche Paar" leugnet diesen gewaltigen Prozeß der Widersprüchlichkeit, des Guten und des Bösen, des Konstruktiven und des Destruktiven, des Identifizierens und des Deidentifizierens. Es verbannt Abgrenzung, Aggression, das Nein in der Liebe. Es frönt nach außen dem „Egoismus zu zweit" Das „glückliche Paar" erzeugt die Patina lähmender Langeweile, es bricht den Eigen-sinn jedes

Partners. Wer dem Partner nie das eigene Nein entgegensetzt, der scheut die Individuation, die Ich-Werdung, wie der Teufel das Weihwasser. Er bleibt brav, aber konturenlos, schwammig wie eine Qualle.

Das sicherste Zeichen dafür, daß in einer Beziehung die Abgrenzung fehlt, ist der Umstand, daß beide Partner jede nur denkbare Zeit miteinander verbringen, nie getrennt in den Urlaub fahren, keine getrennten Freunde und Hobbys haben. „Wir reichen uns", kommentieren solche Paare ihr selbst gewähltes Zweierexil auf Lebenszeit. Längst ist die Lebendigkeit eines solchen Paares unter der Käseglocke dieser Abschottung an mangelndem Sauerstoff erstickt. Wo keine Aggressivität, Neugier, Fremdheit und Stimulierung durch Außenimpulse gelebt werden, wird selbstverständlich die Sexualität welk wie eine holländische Gewächshausgurke nach einer Woche.

Der Schweizer Paartherapeut Jürg Willi schildert diese emotionale und meist auch erotische Versteppung mit den Worten: „Die Vorstellung früherer Jahrzehnte, daß die Zweisamkeit des Paares das einzig Maßgebliche für Glück und Lebenserfüllung sei, förderte eine kleinkarierte Idylle gegenseitiger Abhängigkeit und Selbstgenügsamkeit mit der Tendenz, alles, was außerhalb der Dyade (Zweierbeziehung – M. J.) passierte, ängstlich zu beobachten, als feindlich oder bedrohlich abzuwehren und möglichst unberührt daran vorbeizuleben. Diese Ideologie stellt sich bildhaft dar in der Konstruktion des Idealheimes mit eigenem Gärtchen, das durch

Mauern und dicke Laubhecken vor jedem Einblick geschützt ist und einen durch zugezogene Vorhänge und mit Gucklöchern versehene Haustür vor bösen Blicken bewahrt." Das „glückliche Paar" degeneriert derart zum unglücklichen Paar. Jürg Willi: „Rigide Grenzen sind Kommunikationsbarrieren, die das Zusammenleben verkümmern und absterben lassen."

Erfahrene Paare wissen, wie befreiend der Mut zur Abgrenzung, zur Fremdheit und zum Streit wirkt. Wenn wir uns wie die Kesselflicker gefetzt, unsere Gefühle gezeigt und einen Streit bis zur Klärung vorgetrieben haben, dann geschieht es nicht selten, daß wir uns in der Nacht darauf zwischen heißen Bettlaken lieben. Wir sind uns in der scharfen Luft der Auseinandersetzung wieder etwas fremd geworden. Das macht Neugier aufeinander. Das jagt Lust in die Leisten.

Mut zur Abgrenzung bedeutet aber auch Mut zum Alleinsein. Wer Einsamkeit nicht aushält, wird zur ehelichen Schlingpflanze. Er klammert am anderen. Einsamkeit heißt, mündig zu sein, die eigene Abhängigkeit vom anderen zu lösen. In der gegenwärtigen psychologischen Diskussion wird viel über die „Angst vor Nähe" gesprochen. Es gibt aber auch und weit verbreitet die „Angst vor der Distanz". Distanz auszuhalten bedeutet, dem anderen Freiheit zugestehen, das Risiko auszuhalten, daß er/sie flirtet, eine Außenbeziehung eingeht, mich verläßt. Distanz zu wagen heißt, den Vergleich mit Rivalen/Rivalinnen auszuhalten. Distanz zu ertragen bedeutet, selbstbewußt auf meine

Attraktivität zu bauen. Wo ich den anderen eifersüchtig fessele, agiere ich aus meinen eigenen Minderwertigkeitskomplexen. Ich traue mir in Wahrheit nicht zu, mit meinen eigenen Qualitäten den Partner zu halten.

Freude an der Distanz beschert mir das Leben meines eigenen Ichs und die Neugier auf den Partner, seine Individualität, seine Überraschungen. Was erlebt er, wenn er allein ausgeht? Wie gestaltet meine Frau ihren Urlaub allein oder mit ihrer Freundin? Wie wird der Partner durch seine neue Ausbildung verändert? Bin ich selbst noch anziehend? Tue ich genug für meinen Intellekt, meine Information, meine Figur? Laufe ich als Frau wie ein onduliertes Muttchen, als Mann wie ein vietnamesisches Hängebauchschwein herum? Wie ist es für mich, den Partner aus der Distanz wahrzunehmen?

Mut zur Abgrenzung eröffnet uns auch den Weg, unsere Aggressionen produktiv zu leben, als Wegweiser auf dem Weg zu uns selbst zu verstehen. Zorn zu zeigen bedeutet, die eigene Angst vor Trennungsverlust zu überwinden und unser Ich unverstellt zu fühlen und dem anderen zu zeigen. Die meisten Beziehungen leiden am Kommunikationsstau („Communication gab"). Wir mogeln emotional herum, anstatt dem Partner unseren Ärger, unsere Verletzung, unsere Sehnsüchte zu zeigen.

Woher soll mein Partner wissen, welches Kino sich in meinem Kopf abspielt? Woher soll er die Information über mich erhalten als von mir?

Streiten verbindet, wie der berühmte Buchtitel der amerikanischen Autoren George W. Bach und

Peter Wyden lautet. Streitigkeiten markieren häufig neue Phasen unserer Beziehung, Herausforderungen. Das Alte geht nicht mehr, das Neue ist noch nicht da. Die Kinder sind aus dem Haus. Ich als Frau frage mich nach dem Sinn meines Lebens und suche neue Aufgaben. Ich kann mich von dir nicht ins Haus sperren lassen. Oder: Ich bin ein sinnlicher Mann. Ich lasse mir meine Sexualität nicht nehmen. Wenn du meinst, nach den Wechseljahren sei die Sexualität kein Thema mehr für dich, so hast du die Rechnung ohne mich gemacht. Meine Selbstbestimmung endet nicht beim Sex. Wenn du mir den Eros nicht mehr geben willst, so nehme ich mir das Recht, über meine Sexualität nachzudenken, Entscheidungen zu fällen.

„Die Wahrheit", so formulierte die Dichterin Ingeborg Bachmann einmal, „ist jedem Menschen zumutbar." Ich möchte dies aus der paartherapeutischen Erfahrung noch drastischer formulieren: Die Wahrheit ist der Sauerstoff der Liebe. Nur wo ich mich in meiner Wahrheit dem anderen zumute, bringe ich unsere Liebe voran. Nichts ist schlimmer für die Beziehung als das Verschweigen der Gefühle, auch der „bösen." In der Paarberatung wie im eigenen Leben bin ich erschüttert, welche Abgründe von verborgener, nie gelebter Wut sich auftun, wenn endlich einmal die Konflikte angegangen werden. Das Nein in der Liebe ist das Eingeständnis der Individualität. Sich lieben heißt immer, auch einander mißzuverstehen. Deswegen sind wir gehalten, ständig miteinander zu sprechen und die Mißverständnisse aufzuklären. Das ist ein dauernder Prozeß. In diesem Prozeß werden wir uns selbst klar, erklären wir uns selbst. Wir werden uns immer einander eine Prise fremd bleiben. Das bürgt für unsere Kreativität. Wir sehen und organisieren weltunterschiedlich. Für den einen ist das Glas des Lebens halbvoll, für den anderen halbleer. Wir leiden und freuen uns oft an unterschiedlichen Dingen.

Liebe ist ein Unterwegs. Der Weg ist das Ziel. Die amerikanische Therapeutin Daphne Rose Kingma hat das in ihrem Buch „Die kleinen Gesten der Liebe" hinreißend formuliert: „Die Beziehung beginnt mit einer Liebe, die unsere Aufmerksamkeit fesselt und unsere Leidenschaft entfacht und geht durch unzählige und endlose Aufs und Abs, durch Veränderungen, die ihr Struktur, Charakter und Würze geben und die die beiden Menschen, die sie kreiert haben, formen und umformen, ohne daß sie es unbedingt wollen oder erwartet hätten. Bewußt oder unbewußt nehmen wir in unseren Beziehungen vieles auf uns. Wir gehen unsere persönliche Geschichte mit unseren Eltern noch einmal durch, wir heilen alte Wunden aus der Kindheit. Wenn wir lieben, liefern wir uns der Erziehung und dem Vorbild unseres Partners aus, was uns dazu bewegt, zahllose unterdrückte oder vernachlässigte Aspekte unserer Selbst zu entwickeln. All diese Wunder der persönlichen Transformation können sich ereignen – und sie tun es auch nur dann –, wenn wir die Vorstellung beiseite lassen, daß jegliche Beziehung ein festes Gebäude ist, welches einen fixen Punkt im Universum einnimmt.

In einer Beziehung geht es um Entwicklung und Wachstum. Sie ist ein heiliger Raum zwischen zwei Menschen für die Evolution ihrer Seelen."

Mut zur Abgrenzung – diese Haltung hat auch eine philosophische Dimension. Indem ich dich in deiner – oft sperrigen und unbequemen – Identität akzeptiere, muß ich mich fragen: Warum hat das Leben mir dich als Partner beschert? Was ist der Sinn unserer Partnerschaft? Was ist das Geheimnis unserer Partnerwahl? Was liebst du aus mir heraus? Was liebe ich aus dir heraus? Welche eigenen Fehler werden mir durch den Kontrast deiner Persönlichkeit deutlich? Wo verweise ich dich auf deine Defizite? Was kannst du von mir lernen? Was kann ich von dir lernen? Aus welcher Lebenskonstellation heraus haben wir uns begehrt und ‚erlöst'? Gelten diese ‚Geschäftsgrundlagen' noch? Muß unser Beziehungsvertrag neu geschrieben werden?

Nur indem ich mich auch in der Beziehung als Ich definiere und nicht in einen Einheitsbrei untertauche, lerne ich, entwickle ich mich. Ich werde erwachsen. Ich liebe dich aus der Fülle. Du liebst mich aus der Fülle. Jeder von uns könnte auch allein leben. Jeder von uns könnte auch mit einem anderen Partner leben. Das ist Realismus unserer Beziehung. Wir entscheiden uns immer wieder neu füreinander. Nur wenn ich mich zuvor abgegrenzt habe, kann ich dich einladen, die Grenzen zu überschreiten und mein Land zu betreten. Das ist schön. Das ist schwer. Das verunsichert. Das ist immer wieder ein neues Abenteuer. „Alles fließt",

57

wie der griechische Philosoph Heraklit formulierte. Was gestern die Grundlagen unserer Liebe waren, kann heute schon anders sein. Wir müssen uns unsere Liebe immer wieder neu definieren. Wenn es denn überhaupt eine Garantie für unsere Liebe gibt, so sind es allein unsere Lebendigkeit und unser Mut zur Wahrheit.

Erich Fromm erkannte: „Der erste Schritt auf diesem Wege ist, sich klarzumachen, daß Lieben eine Kunst ist, genauso wie Leben eine Kunst ist: Wenn wir lernen wollen zu lieben, müssen wir genauso vorgehen, wie wir das tun würden, wenn wir irgendeine andere Kunst, z. B. Musik, Malerei, das Tischlerhandwerk oder die Kunst der Medizin oder der Technik lernen wollten." Der Mut zur Abgrenzung, zur Distanz, ist eine Leistung, ein Sieg über die eigene Enge, die innersten Verlassenheitsängste, den zwangsneurotischen Zugriff auf den anderen.

„Gute Ehen wären häufiger", meint Nietzsche in „Menschliches, Allzumenschliches", „wenn die Ehegatten nicht immer beisammen wären." In der Beziehungsklebrigkeit gilt es, die temporäre Einsamkeit wieder zu lernen, damit, mit Nietzsche zu sprechen, „das Wasser aus dem Brunnen des Selbst ans Licht kann" (Morgenröte).

Die Dialektik zwischen Gemeinsamkeit und Alleinsein, Rückzug und Auszug, Hingabe und Eigenständigkeit ist das Geheimnis einer schöpferischen Liebe zweier Menschen. Der libanesisch-amerikanische Dichter Khalil Gibran faßt dieses Oszillieren zwischen Frau und Mann in seinem

1923 entstandenen Sinnbuch „Der Prophet" in die
poetische Vision:

Vereint seid ihr geboren
und vereint sollt ihr bleiben immerdar.
Doch lasset Raum zwischen eurem
Beieinandersein,
Und lasset Wind und Himmel tanzen
zwischen euch.
Liebet einander,
doch macht die Liebe nicht zur Fessel:
Schaffet eher daraus ein webendes Meer
zwischen den Ufern eurer Seelen.
Füllet einander den Kelch,
doch trinket nicht aus einem Kelche.
Gebet einander von eurem Brote,
doch esset nicht vom gleichen Laibe.
Singet und tanzet zusammen und seid fröhlich,
doch lasset jeden von euch allein sein.
Gleich wie die Saiten einer Laute allein sind,
erbeben sie auch von derselben Musik.
Gebet einander eure Herzen,
doch nicht in des anderen Verwahr.
Und stehet beieinander,
doch nicht zu nahe beieinander:
Denn die Säulen des Tempels stehen einzeln,
Und Eichbaum und Zypresse wachsen nicht
im gegenseitigen Schatten.

Das Drama der Eifersucht

*Grimmig mag die Wut sein, überwältigend
der Zorn – aber wer besteht vor der Eifersucht*

Sprüche 27,4

Steckt die Eifersucht nicht wie ein Stachel in der reifen Persönlichkeitsbildung der zweiten Lebenshälfte? Das Wickert-Institut ermittelte Anfang der 90er Jahre: 77 Prozent der Frauen und 80 Prozent der Männer leiden an Eifersucht. Die Schlagzeilen der Zeitungen sind voll von Titeln wie „Eifersuchtsdrama: Frau vergiftete Ehemann", „Mann erstach Rivalen", „Aus Liebe wurde Haß: Zwei Tote bei Eifersuchtstragödie". „Eifersucht", so sagt der Volksmund, „ist eine Leidenschaft, die mit Eifer sucht, was Leiden schafft." Sucht kommt von suchen. Was suchen wir, wenn wir eifersüchtig sind?

Suchen wir wirklich den Partner? Oder geht es vielmehr um etwas in uns selbst? In der Eifersucht, soviel wissen wir, leben wir im Unfrieden mit uns selbst. Diese Friedlosigkeit macht uns unfrei. In der Eifersucht handeln wir wie der Neurotiker, also aus der Gefangenschaft der Seele. Wir sind nicht mehr mit der Welt, sondern nur noch mit uns selbst beschäftigt. Eifersucht bedeutet extreme Überempfindlichkeit. Ein Wort, ein Lachen, ein Flüstern, eine kleine Geste, jedes und alles kann uns verletzen, kann uns provozieren. In der Eifersucht kommen wir uns unbedeutend, mickrig, klein, abgeschoben und unterlegen vor. Eifersucht macht uns nicht nur überempfindlich: Sie macht uns auch „nachempfindlich". Schmerzhafte Eindrücke, hauchzarte Verletzungen, die Jahre, ja Jahrzehnte lang zurückliegen, können wir nicht vergessen. Wir speichern verletzende Eindrücke wie ein Zirkuselefant, der den Nadelstich eines Besuchers noch nach 20 Jahren nicht vergessen hat und den wiedergekehrten Quäler zu Tode trampelt.

Wir pflegen diese Überempfindlichkeit. In der Eifersucht zwingen wir den Partner zur ununterbrochenen Rücksichtnahme. Er soll rund um die Uhr Schonung gegen uns ausüben, unseren eifersüchtigen Lebensstil in sein Lebenskonzept einbauen. Unser Mißtrauen bedeutet Feindseligkeit gegenüber allen anderen Menschen: Wir sammeln Mißerfolge wie andere Menschen Briefmarken. Die Welt ist schlecht, man darf ihr nicht trauen. Keiner taugt etwas. Eifersucht ist Masochismus in Aktion. Eifersucht ist Selbstverachtung. Eifersucht ist Drohung und Erpressung bis hin zum Mord und Selbstmord. Diese gefährliche, selbstgefährdende Komponente teilt die Eifersucht mit den anderen schweren Süchten. Eifersucht, so scheint es, ist Ausdruck und Spätsymptom einer tiefwurzelnden Selbstwertstörung. Alle Wahrnehmungen werden umgedeutet und verzerrt. Jeder Therapeut weiß, daß kaum etwas schwerer zu therapieren ist als die Eifersucht. Der Philosoph Friedrich Nietzsche urteilte: „Ein furchtbares Ding ist Eifersucht."

Eifersucht unterliegt einem besonders verhängnisvollen Beziehungsschema. Man könnte es wie folgt formulieren:

Wenn ich keine Macht über dich habe, fühle ich mich machtlos.

Wenn ich dich nicht kontrollieren kann, gerate ich außer Kontrolle.

Wenn ich mir deiner nicht sicher bin, bin ich mir meiner selbst nicht sicher.

Wenn wir eifersüchtig sind, hängen wir immer noch an der Flasche wie ein Kind. Der Partner ist unsere Flasche. Nimmt man sie uns weg, schreien wir. Wir haben Angst, lebendigen Leibes zu verhungern. Kein Zweifel, die Eifersucht ist eine qualvolle und demütigende Gemütsregung. Sie kann uns selbst wie unserem Partner die Liebe zur Hölle machen. Wir verlieren die Macht über unsere Gefühle. Unsere Liebe wird zum Bürgerkrieg.

Wer einmal unter Eifersucht schwer gelitten hat, der erinnert sich: Die Eifersucht läßt sich nicht mit Ratschlägen und Psychotricks beseitigen. Wie alle existentiellen Äußerungen wurzelt sie tief in den Schichten des Unterbewußtseins.

Unsere Persönlichkeit gleicht, tiefenpsychologisch gesprochen, einem Eisberg. Nur ein Zehntel, das Bewußtsein, ragt aus dem Wasser. Neun Zehntel, das Unbewußte, sind submarin verborgen. Deswegen ist es so ausweglos, jemandem seine Eifersucht mit dem Appell „Sei doch nicht so mißtrauisch" wegreden zu wollen. Eifersucht steht

62

nicht für sich selbst. Sie ist offensichtlich ein Zeichen für etwas anderes. Aber wofür? Hängt sie mit der Rolleninszenierung von Mann und Frau zusammen? Gibt es einen Zusammenhang zwischen Kindheitserlebnissen und erwachsener Persönlichkeit? Hat Eifersucht gesellschaftliche Hintergründe? Tritt Eifersucht in anderen Kulturen schwächer oder stärker auf? Gibt es einen Konnex zwischen Eifersucht und Religion? Schon Shakespeare warnte: „Hütet euch vor Eifersucht, dem Ungeheuer mit den grünen Augen, das das Fleisch verhöhnt, von dem es sich ernährt."

Nicht jede Eifersucht ist psychopathologisch. Wir müssen zwischen der normalen und der krankhaften Eifersucht unterscheiden. Sigmund Freud hat in seiner Schrift „Über einige neurotische Mechanismen bei Eifersucht, Paranoia und Homosexualität" aus dem Jahr 1922 zwischen der normalen und der pathologischen Eifersucht unterschieden. Er schrieb: „Die Eifersucht gehört zu den Affektzuständen, die man ähnlich wie die Trauer als normal bezeichnen darf. Wo sie im Charakter und Benehmen eines Menschen zu fehlen scheint, ist der Schluß gerechtfertigt, daß sie einer starken Verdrängung erlegen ist und darum im unbewußten Seelenleben eine um so größere Rolle spielt."

Diese Feststellung ist wichtig. Besagt sie doch, daß die Eifersucht in vielen Fällen eine angemessene Reaktion und Beobachtung darstellt. Wenn mein Mann unter dem Tisch mit einer anderen Frau füßelt, so ist meine ärgerliche Empfindung ein

Warnsignal. Es sagt mir: „Sei auf der Hut. Da ist etwas nicht in Ordnung. Jemand tritt zwischen mich und meinen Mann; die Bindung beginnt sich zu lockern." Ein solches Warnsignal kann mich veranlassen, mich stärker meinem Partner wieder zuzuwenden. Es kann mich dazu stimulieren, meine vernachlässigte Kleidung zu ändern, meine Ruppigkeit und Lieblosigkeit einzustellen. Hier hat die normale Eifersucht eine wichtige Funktion.

Freud fährt fort: „Über die normale Eifersucht ist analytisch wenig zu sagen. Es ist leicht zu sehen, daß sie sich wesentlich zusammensetzt aus der Trauer, dem Schmerz um das verloren geglaubte Liebesobjekt und der narzißtischen Kränkung..., ferner aus feindseligen Gefühlen gegenüber dem bevorzugten Rivalen und aus einem mehr oder minder großen Beitrag von Selbstkritik, die das eigene Ich für den Liebesverlust verantwortlich machen will."

Eifersucht fungiert hier als Signal für eine gefährlich gewordene Distanz oder Desorientierung. Die normale Eifersucht kann ein Mittel gegen den Wärmetod in der Liebe bedeuten. Eifersucht macht fähig, subtile Lügen in der Beziehung wahrzunehmen. Natürlich ist die normale Eifersucht oft eine handfeste Reaktion auf die Außenbeziehung des Partners. Honoré de Balzac würdigte die Eifersucht sogar als „eine Schildwache, die niemals schläft; sie ist für die Liebe dasselbe, was das Mißgeschick für den Menschen: eine wahrhaftige Warnung!"

Wer zur Eifersucht überhaupt nicht fähig ist, der ist ebenso neurotisch wie der zur übermäßigen Eifersucht neigende Mensch, der jeden Schritt seines Partners argwöhnisch verfolgt. Wenn wir Eifersucht vollkommen aus unserem Gefühlsleben verbannt haben, dann sollten wir uns kritische Fragen stellen. Die eigenen Eifersuchtsgefühle wahrzunehmen heißt, starke Kränkungen zuzulassen und nicht zu verdrängen. Denn die Vermutung, daß der andere sich von uns abwendet und einen anderen Menschen in sein Herz läßt, ist eine gewaltige Erschütterung für unser Ich. Ist unser Narzißmus zu groß, so kann es für uns auch zu schmerzhaft sein, diese Demütigung einzugestehen, das heißt nach außen eifersüchtig zu reagieren. Unsere verborgenen Minderwertigkeitsgefühle hindern uns dann am Gefühlsausdruck. Wir müßten ja auch zugeben, daß wir vom Partner abhängig und verletzbar sind. Wir müßten zugeben, daß wir keineswegs immer autark und souverän sind.

Wenn ich, im Sinne von Fritz Riemanns Fundamentalwerk „Grundformen der Angst", ein eher schizoid-mißtrauischer Mensch bin, so ist mir die Eigenständigkeit der größte Wert. Das verbietet mir, Eifersuchtsgefühle, also Abhängigkeit, zuzulassen. Wenn ich eher ein Zwangscharakter bin, so werde ich alles vermeiden, was meine innere und äußere Verfassung bedroht. Mein Bedürfnis nach Kontrolle verführt mich dann dazu, Eifersuchtsaffekte zu verdrängen. Statt dem Partner meine Gefühle offen einzugestehen, räche ich mich dann

65

mit verdeckten Rachegefühlen. Die Verdrängung und Transformierung meiner Wut ist mir hierbei nicht klar.

Normale Eifersucht ist selbstverständlich, ja sie kann sogar eine kreative Kraft der genauen Wahrnehmung und Lebensveränderung darstellen. Ein Mensch, der sich angeblich nie eifersüchtig fühlt, sitzt auf einem seelischen Keller voller Verdrängungen oder, um noch einmal Freud zu zitieren: „Wo die Eifersucht im Charakter und Benehmen eines Menschen zu fehlen scheint, ist der Schluß gerechtfertigt, daß sie einer starken Verdrängung erlegen ist und darum im unbewußten Seelenleben eine um so größere Rolle spielt..."

Freud stellte die Frage nach der Ätiologie, nach der Ursprungsgeschichte der Eifersucht: „Diese Eifersucht ist, wenn wir sie auch normal heißen, keineswegs durchaus rationell, das heißt aus aktuellen Beziehungen entsprungen, den wirklichen Verhältnissen proportional und restlos vom bewußten Ich beherrscht, denn sie wurzelt tief im Unbewußten, setzt früheste Regungen der kindlichen Affektivität fort und stammt aus dem Ödipus- oder aus dem Geschwisterkomplex der ersten Sexualperiode."

Bei dem „Ödipuskomplex" schauert es viele Laien. Sie halten diese Theorie für eine künstliche und sexuell anrüchige Konstruktion. Dabei beobachtete der Wiener Psychoanalytiker hierbei nur ein Phänomen, das jeder, der eigene Kinder hatte, an seinem Töchterchen und Söhnchen zwischen drei und sechs Jahren selbst registrieren kann. Ein

66

Kind dieses Alters wünscht sich in bestimmten Phasen den gegengeschlechtlichen Elternteil für sich allein. Mit aller Kraft wünscht er oder sie Papa oder Mama weg. Viele kleine Jungen wollen ihre Mama heiraten, viele kleine Mädchen mit dem Papa zusammen leben. Der kleine Junge, das kleine Mädchen macht rasch die schmerzliche Erfahrung, daß die Eltern sich nicht trennen und daß er oder sie die unrealistische Hoffnung fallen lassen und sich zur Loyalität mit dem gleichgeschlechtlichen Elternteil entschließen muß.

Dies ist ein schmerzlicher, meist schuldhaft erlittener Konflikt, weil das Kind selbstverständlich auch das gleichgeschlechtliche Elternteil liebt. Von einer guten Elternbeziehung getragen, kann das Kind den Ödipuskomplex positiv lösen. Simpel gesprochen, sieht sich jedes Kleinkind als Neuankömmling in einem Beziehungsdreieck Vater – Mutter – Kind und möchte nicht die dritte, sondern die zweite Rolle spielen. Der Konflikt macht Angst und Eifersuchtsgefühle.

Die Eifersucht ist also ein Zeichen von Schwäche in der Liebe und nicht von Stärke. Darüber hinaus erleben wir, von den Einzelkindern einmal abgesehen, in unserer Kindheit, wie Freud registrierte, das Drama der Geschwistereifersucht, die Schmerzen und Wutgefühle der Rivalität. Schon die Bibel reflektiert in ihren großen Erzählungen von Kain und Abel und Joseph und seinen Brüdern die geschwisterlichen Eifersuchtsdramen als menschliche Urbefindlichkeiten. Wie wir in unserem Kapitel über Geschwisterliebe und Geschwisterrivalität ausführlich analysieren, sind es die Unterlegenheitsgefühle jüngerer Geschwister wie das Entthronungserlebnis des älteren Geschwisters, die kindliche Verletzungen bereiten und oft zu langanhaltenden, das ganze Erwachsenenleben prägenden Deformationen führen.

Wenn eine Mutter plötzlich das Neugeborene favorisiert, so fühlt sich das ältere Kind, dem bislang alle Zuwendung galt, häufig betrogen; es entwickelt eine Wut gegen das neue Geschwister, aber auch gegen die „unzuverlässige" Mutter. Allerdings darf es die Wut nicht offen äußern. Jeder Kinderarzt, jede Kindergärtnerin weiß, wie oft ältere Geschwister auf diesen „Unglücksfall" mit Symptomen wie Einnässen, Daumenlutschen, Schlafstörungen, Eßproblemen und Krankheiten reagieren. Mit diesem Verhalten wollen „entthronte" Kinder die Aufmerksamkeit wieder auf sich lenken und Fürsorge erzwingen.

Der Dichter Karl Spitteler erinnert sich in seinen Lebenserinnerungen (1940) an die eigene Not: „Übrigens war noch ein zweiter Adolf da. Ein kleines Geschöpf, von dem man behauptete, er wäre mein Bruder, von dem ich aber nicht begriff, wozu er nützlich sei; noch weniger, weswegen man solch ein Wesen aus ihm mache wie von mir selber. Ich genügte für mein Bedürfnis, was brauchte ich einen Bruder? Und nicht bloß unnütz war er, sondern mitunter sogar hinderlich. Wenn ich die Großmutter belästigte, wollte er sie ebenfalls belästigen, wenn ich im Kinderwagen gefahren wurde, saß er gegenüber und nahm mir die Hälfte Platz weg, so

68

daß wir uns mit den Füßen stoßen mußten." Auch Wilhelm Busch formulierte diese fundamentale kindliche Eifersucht in einem kessen Gedicht:

> *Die Tante winkt, die Tante lacht:*
> *He, Fritz, komm mal herein!*
> *Sieh, welch ein hübsches Brüderlein.*
> *Der gut Storch in letzter Nacht*
> *Ganz heimlich der Mama gebracht.*
> *Eija, das wird Dich freuen!*
> *Der Fritz, der sagte kurz und grob:*
> *Ich hol 'nen dicken Stein*
> *Und schmeiß ihn an den Kopp!*

Wenn Eltern nicht in der Lage sind, diese kindliche Eifersucht und dieses angstvolle Unvermögen liebevoll aufzufangen, so behält ein Mensch diese Verletzung; er verharrt in der infantilen Seinsweise, anstatt emotional mündig zu werden. Eifersucht metastasiert in jenem Menschen wie ein Krebsgeschwür, der von Kind auf keine Geborgenheit in den Armen der Mutter oder des Vaters entwickeln durfte. Immer befindet er sich in der Angst, den Partner zu verlieren. Die Psychoanalytiker sprechen von „Trennungsangst".

Wie sehr das erste Beziehungsdreieck des Lebens, die ödipale Wut und Leidenschaft, aber auch das Verlusterlebnis das Schicksal eines Menschen formen kann, berichtet der französische Schriftsteller Henry Stendhal: „Meine Mutter, Henriette, war eine reizende Frau, und ich war verliebt in meine Mutter... Ich wollte meine Mutter mit Küssen bedecken, und es sollten keine Kleider da sein. Sie liebte mich glühend und küßte mich oft. Ich gab ihr die Liebkosungen mit solchem Feuer zurück, daß sie oft genötigt war wegzugehen. Ich verabscheute meinen Vater, wenn sein Kommen unsere Küsse unterbrachen. Ich wollte sie ihr immer auf die Brust geben ... Ich war so verbrecherisch wie möglich, ich war toll verliebt in ihre Reize." Mit sieben Jahren verlor Stendhal, der zu einem der größten französischen Erzähler des 19. Jahrhunderts werden sollte, seine Mutter: „So habe ich ... verloren, was ich auf der Welt am meisten liebte. Mit meiner Mutter wurde das ganze Glück meiner Kindheit zu Grabe getragen. Da beginnt mein Innenleben." Mit rasender Eifersucht verfolgte Stendhal denn auch als Erwachsener seine Geliebte, Alberte de Rubemprè ...

Hier wird die Eifersucht krankhaft. Freud definierte in seinem oben genannten Aufsatz die Natur der krankhaften Eifersucht als Projektion: „Die Eifersucht der zweiten Schicht oder die projizierte geht beim Mann wie beim Weibe aus der eigenen, im Leben betätigten Untreue oder aus Antrieben zur Untreue hervor, die der Verdrängung verfallen sind. Es ist eine alltägliche Erfahrung, daß die Treue, zumal die in der Ehe geforderte, nur gegen beständige Versuchungen aufrecht erhalten werden kann. Wer dieselben in sich verleugnet, verspürt deren Andrängen doch so stark, daß er gerne einen unbewußten Mechanismus zu seiner Erleichterung in Anspruch nimmt. Eine solche Erleichterung, ja einen Freispruch vor seinem Gewissen erreicht er, wenn er die eigenen Antriebe zur Untreue auf die andere Partei, welcher er die Treue schuldig ist, projiziert."

Das ist ein spannender, fast etwas peinlicher Punkt. Es fällt uns ungleich leichter, den anderen der Untreue zu verdächtigen, als sie bei uns selbst einzugestehen. Das hieße ja zuzugeben, daß uns das gußeiserne Einhalten der Treue in der Liebe schwerfällt. Wir müßten einräumen, daß wir erotisch und emotional Lust auch auf andere Frauen/ Männer haben. Wie sagte doch Jesus sinngemäß in der bekannten biblischen Ehebruchszene: „Wer von euch ohne Schuld ist, der werfe den ersten Stein." Tatsächlich erfüllte die Ehebrecherin wohl die Funktion des Sündenbocks, der kollektiven Projektion all der geilen, ihre Lüsternheit verdrängenden Männer, die, zur Steinigung bereit, die „Sünderin" umstanden.

Ein Vater z. B., der seine junge hübsche Tochter insgeheim begehrt, spaltet seine Begierde als einen Teil seiner Selbst ab und projiziert ihn auf die jungen Kerle, „die wie geile Böcke meine Tochter umschwärmen". „Die wollen doch alle nur das Eine", warnt er seine Teenagertochter. Er ahnt nicht, daß er zugleich von seinen verborgenen Begierden spricht. In der Projektion spalten wir den Teil von uns selbst ab, den wir offiziell mißbilligen müssen. C. G. Jung sprach in diesem Zusammenhang von unseren „Schatten". Ich habe alle „schlimmen" Wünsche so chemisch rein von mir getrennt und in den anderen projiziert, daß mir gar nicht bewußt wird, daß es sich um *meine* Wünsche handelt. Der österreichische Dramatiker Franz Grillparzer notierte einmal in seinem Tagebuch treffend: „Man ist nie eifersüchtiger, als wenn man in der Liebe anfängt zu erkalten. Man traut dann der Geliebten nicht mehr, weil man dunkel fühlt, wie wenig einem selbst mehr zu trauen ist."

Die Wunde der Ungeliebten (Peter Schellenbaum) brennt in dem Eifersüchtigen. Wenn er als Erwachsener nicht zu glauben vermag, daß er geliebt wird, wenn er hinter jedem Telefonat eine Untreue wittert, so hängt dieser Wahn oft mit der mangelhaft entwickelten Selbstliebe in der Kindheit zusammen. Wo ich chronisch eifersüchtig bin, bin ich von meinem Eigenwert nicht überzeugt. Ich halte mich nicht für liebenswert. So rutscht der Filmheldin Fanny in Doris Dörries cineastischer Komödie „Keiner liebt mich" bei ihrer Kontaktanzeige via Videofilm der aufschlußreiche Satz heraus: „Ich könnte mich auch nicht in mich verlieben!"

In meiner krankhaften Eifersucht agiere ich aus dem Minderwertigkeitskomplex – andere sind grundsätzlich schöner, klüger als ich. Gerade weil ich vom Minderwertigkeitsgefühl beherrscht werde, will ich vom Partner absolute Sicherheit erhalten. Er soll sich für keinen anderen mehr interessieren. Ich darf sein Leben überwachen und 24 Stunden lang kontrollieren. Längst bin ich in eine seelische Sackgasse geraten, aus der es keinen Ausweg zu geben scheint. Meine Eifersuchtskrankheit ist Ausdruck meiner noch unreifen Persönlichkeitsentwicklung.

Als Eifersüchtiger wünsche ich mir den Partner zum Nachfolger der allmächtigen, alles befriedigenden Mutter der Kindheit. Ich wünsche mir die symbiotische Versorgung von morgens bis abends.

„Ich hasse und liebe. Warum ich das tue, so fragst du vielleicht. Ich weiß es nicht, aber ich fühle, es geschieht, und ich spüre die Qual." So formulierte es der römische Dichter Catull. Weil mir ein Partner diese babyhaften, symbiotischen Wünsche nicht erfüllen *kann,* so schaffe ich mir selbst die Qual. Ich kann meinem Partner keine Freiheit geben, weil ich ihn zur Kompensation meiner Ängste und Minderwertigkeitsgefühle brauche. Ich regrediere zu jenem kleinen Kind von einst, das die Mutter existentiell zum Überleben brauchte.

Zum Eifersüchtigen gehört häufig der Partner wie der Schlüssel zum Schloß. Das ist mir in Eheberatungen immer wieder aufgefallen. Ich habe mich nämlich verblüfft gefragt, warum viele Partner den Wahn des oder der Eifersüchtigen mit solcher Engelsgeduld mitmachen. Wer ist eigentlich verrückter, so fragte ich mich, der Mann, der nicht existierende Affären seiner Frau erfindet, oder die Frau, die diesen Zirkus jahrelang mitmacht, ihr Leben minutenweise kontrollieren läßt und vergeblich den Mann von ihrer Treue zu überzeugen versucht? Wer ist da ver-rückter, die Frau, die die Anzüge ihres Mannes nach blonden Frauenhaaren untersucht, oder der kreuzbrave Ehemann, der mittlerweile jeden Kontakt mit Frauen, ja selbst

den Augenkontakt mit Passantinnen in der Fuß-
gängerzone vermeidet, auf Übernachtungen bei
Geschäftsreisen verzichtet, um in vorauseilendem
Gehorsam, jeden potentiellen Argwohn seiner
eifersüchtigen Frau zu zerstreuen?

Immer wieder erlebe ich die Paradoxie, daß die
Partner von Eifersüchtigen ihren kranken Gespons
mit einer Mischung von Verzweiflung und insgehei-
mer Befriedigung in der Paarberatung vorführen.
Hier liegt das vor, was der Schweizer Psychoanalytiker Jürg Willi eine Kollusion, ein verborge-
nes trübes Zusammenspielen (von lateinisch „collu-
dere", zusammenspielen), nennt. Zum eifersüchtigen Haustyrannen gehört ein Partner, der die Skla-
venrolle übernimmt. Warum geht er nicht einfach?
Offensichtlich bezieht er aus der Eifersuchtskollu-
sion einen neurotischen Wert. Ich vermute, es handelt sich um die Aufwertung eines schwachen Egos.

Oft treffen sich nämlich im Eifersuchtsdrama der
Liebe zwei schwache Egos. Beide werten sie sich
auf. Der Eifersüchtige appelliert: „Du gehörst nur
mir! Durch dich, großer Mann, große Frau, bin ich
auch toll! Du bist mein Besitz." Der Partner genießt
umgekehrt die ununterbrochene Aufmerksamkeit
und „Wertschätzung" des Eifersüchtigen. Er sagt
sich sozusagen: „Deine Eifersucht macht mich
wertvoll! Ich, kleine Jutta, muß ja ein ganz tolles
Weib sein, daß du mir unablässig nachspionierst!
Ich, Franz, mit beginnender Glatze und Mundge-
ruch, bin offensichtlich ein männlicher Trüffel, daß
du mir mit solcher Gründlichkeit nachspürst!"

Der oder die Eifersüchtige bewahrt den Partner

davor, selbst erwachsen zu werden, das Abenteuer der Freiheit zu riskieren. Es ist wie in der Diktatur – der „Führer" ist ja nicht nur der Unterdrücker, er ist auch der, der den Geführten die Anstrengung abnimmt, sich selbst den Kopf über Politik zu zerbrechen und sich zu engagieren.

Partner von Eifersüchtigen sind oft wie die Co-Abhängigen des Alkoholikers. Sie ziehen von der Diktatur des Süchtigen makabren Gewinn: Sie haben ein bislang vernachlässigtes Bedürfnis nach Wichtigsein und Beachtetwerden, so daß sie selbst der negativen partnerlichen Dauerbeschäftigung mit ihrer Existenz etwas Positives abgewinnen. Da macht der Eifersüchtige aus seiner eßsüchtigen, übergewichtigen Ehefrau eine Königin von Saba. Da stilisiert die Eifersüchtige ihren grauen Ehestiesel zu einem wahren James Bond! Für das obskure Objekt der Begierde wird der Eifersuchtswahn des Partners solcher Art zu einem Dauerbrenner narzißtischer Überhöhung.

Partner von Eifersüchtigen, die die Tragikomödie jahrelang mitspielen, sollten sich kritische Fragen stellen: Was mache ich da mit? Was bringt es mir? Verharre ich in einer infantilen Position? Wie steht es um meine Ich-Stärke?

„Die Eifersucht ist die schlimmste aller Leidenschaften", notierte La Rochefoucauld, „sie hat kein Erbarmen mit dem, den sie zu lieben vorgibt." Kann man Eifersucht heilen? Ja, aber der Prozeß ist schwer und nicht als flüchtige chemische Reinigung zu haben. Jahrtausendelang hat die Menschheit den Traum einer eifersuchtsfreien Gemeinschaft geträumt. Der englische Staatsmann und Schriftsteller Thomas Morus versuchte anfangs des 16. Jahrhunderts in seiner Zukunftsvision „Utopia", die Liebesangelegenheiten harmonisch zu regulieren. Auf der utopischen Insel, auf der es keinen Privatbesitz und keine Not gibt, ist viel Zeit für die Liebe. Männer und Frauen arbeiten nur sechs Stunden. Der voreheliche Geschlechtsverkehr ist rigoros verboten. Keiner, so dachte sich der skeptische Morus, wird sein ganzes Leben mit einem Partner verbringen und die ehelichen Beschwerlichkeiten auf sich nehmen, wenn er ihn zuvor schon intim kennengelernt hat. Jeder darf den künftigen Partner nur einmal vor der Hochzeit, in Anwesenheit einer Aufsichtsperson, nackt erblicken. Ehebruch wird mit Zwangsarbeit bestraft, im Fall des Rückfalls droht die Todesstrafe ...

Noch weiter ging, zur gleichen Zeit, der Dominikanermönch Tommaso Campanella in seinem Zukunftsroman „Der Sonnenstaat". Der Staat führt hier die Geschlechter zusammen. Campanella wörtlich: „Da nach Art der alten Spartaner bei den Übungen auf dem Sportplatz alle, Männer wie Frauen, völlig nackt sind, erkennen die Beamten, die die Aufsicht führen, wer zeugungsfähig und wer ungeeignet zum Beischlaf ist und welche Männer und Frauen ihrer körperlichen Veranlagung nach am besten zusammenpassen. Dann erst weihen sie sich, nach einem Bade, dem Liebeswerk. Große und schöne Frauen werden nur mit großen und tüchtigen Männern verbunden, dicke Frauen mit mageren Männern und schlanke Frauen mit

76

starkleibigen Männern, damit sie sich in erfolgreicher Weise ausgleichen."

Natürlich sind beide utopischen Modelle naiv. Weder wird es mit Morus gelingen, die Menschen zur Treue zu zwingen, noch kann man mit Campanella die Leidenschaften durch „eugenische" Maßnahmen ausschließen. Und doch steckt ein Moment der Wahrheit in diesen sozial-moralischen Utopien: das Soziale. Denn Eifersucht ist nicht nur ein privates Phänomen, sie hat einen gesellschaftlich-ethischen Hintergrund.

Sicher ist Eifersucht, psychologisch betrachtet, eine Form von Selbstzweifel, von Angst, daß man mit seiner mangelnden Attraktivität den Partner nicht an die eigene Person binden kann. Eine solche Angst entsteht allerdings auch vor dem Hintergrund einer Ideologie, die den Körper des Partners als Besitz betrachtet. Hier herrscht die Mentalität des Privateigentums. Vor allem Männer der Unterschichten betrachten heute noch Frauen als ihren Besitz. Sie schlagen aus Eifersucht die eigene Frau und drohen an, den Rivalen „plattzumachen". Am liebsten würden sie die Frau wie eine Kuh im amerikanischen Westen mit einem Brandzeichen auf dem Po als Privatbesitz markieren. Die deutschen Frauenhäuser sind voll von solcher Art in Besitz gehaltener, oft zusammengeschlagener Frauen. Oft verunsichert eine Frau allein durch Rückkehr in den Beruf, neue Freundschaftsbeziehungen und selbstbewußteres Auftreten ihren Mann. Manche Männer zwingen ihre Frauen dann, ihre Ausbildung abzubrechen und Freundschaften aufzugeben.

Eifersucht ist nicht einfach ein Schicksalsschlag. Wir sind der Eifersucht nicht ohnmächtig ausgeliefert. Sie ist ein Ergebnis unserer eigenen infantilen Wahrnehmungsverzerrungen, aber auch des sozialen Umfelds. Haben uns unsere Eltern eine offene Beziehung vorgelebt? Sichert der Staat die wirtschaftliche Unabhängigkeit und damit die Autonomie der Frau? Wird die Selbstjustiz aus Eifersucht drastisch und abschreckend bestraft? Fährt die Kirche einen reaktionären Kurs, der Sexualneurosen begünstigt? Bezeichnet sie Außenbeziehungen als „Sünde"? Immerhin hat die große Strafrechtsreform von 1979 in der Bundesrepublik den „Ehebruch" ausdrücklich nicht als Straftatbestand definiert.

Die Kirchen, die Medien, die Familienideologie, meist auch der Staat propagieren die Zweierbeziehung als die einzig mögliche Beziehung. Obwohl die Sexualität in den Medien unablässig dargestellt und diskutiert wird, gilt die unter erwachsenen Menschen praktizierte erotische Mündigkeit nach wie vor als Verfallszeichen einer permissiven (den Verlust der Wertordnung tolerierenden) Gesellschaft. Die lebenslänglich monogame Beziehung stellt sozusagen, trotz aller Erschütterungen der Moderne, das Pariser Urmeter der Liebesordnung dar.

Dabei wissen wir alle, daß diese Lebensform, wenn man sie absolut setzt, nur unter größten Schwierigkeiten und neurotischen Opfern zu halten ist. „Es genügt nicht, von Treue zu reden", konstatiert auch der vom Papst amtsenthobene

78

„sanfte Rebell", Bischof Jacques Gaillot von Evreux: „Sexualität außerhalb der Ehe ist ein gesellschaftliches Massenphänomen" (Eine Kirche, die nicht dient, dient zu nichts, Herder).

Ist das Ideal der Monosexualität mit einem Partner auf Lebenszeit auf Biegen und Brechen zu halten? Zwingt uns nicht das Phänomen der krankhaften Eifersucht, unsere Theorie der Beziehungen zu überdenken? Die Eifersucht basiert auf der Exklusivität *einer* Beziehung. Gibt es nicht tatsächlich und in der Praxis vielfältige Liebesbeziehungen unterschiedlichster Art mit unterschiedlichen Personen? Können wir nicht mehrere Personen zur gleichen Zeit in einer tiefen Weise, platonisch, mit einem Hauch von Eros oder auch sexuell lieben? Kann Zweisamkeit alles bringen – Freundschaft, Wildheit, Versorgung, Spiritualität? Kann mir ein Partner alles bieten? Kann ich einem Partner alles bieten? Bin ich ohne meinen Partner ein Nichts? Was heißt Treue? Sind emotionale und sexuelle Treue identisch?

Man muß nicht Therapeut sein, um zu beobachten, daß viele Menschen sexuell treu sind und sich emotional doch barbarisch betrügen! Muß Treue nicht konkret vereinbart werden? Ist nicht zu klären, was verstehen *wir* als Paar darunter? Hat nicht jedes Paar seine eigene Wahrheit, seine unterschiedliche Toleranz? Jeden Tag suchen über 500 000 Männer in Deutschland Prostituierte auf – kann man einfach über diese Fakten hinwegsehen? Kann man über die schwere sexuelle Not in vielen Ehen hinwegsehen? Kann man wünschen, daß

Partner auf die sexuelle Verweigerung des anderen über Jahre hinweg hilflos und insgeheim wütend mit Einstellung ihrer eigenen Sexualität antworten? Gibt es nur einen einzigen Menschen, mit dem ich glücklich sein kann? Ist jede Außenbeziehung eine Katastrophe?

Fragen über Fragen. Eifersucht heißt, sich ihnen zu stellen. Auf eine Außenbeziehung kann man negativ antworten, indem man nach Art des Eifersüchtigen den Rivalen schlechtmacht und dem Partner die Hölle inszeniert. Man könnte aber auch das machen, was C. G. Jung, wie wir an anderer Stelle ausführen, die „Schattenarbeit" nennt. Sich einmal fragen: Was bedeutet diese Außenbeziehung zu diesem Zeitpunkt für mich, für unsere Ehe? Was bringt der „Rivale", was ich dem Partner nicht geben kann? Welchen Mangel zeigt die Außenbeziehung in unserer Innenbeziehung an? Schließlich die Frage: Woran müssen wir in unserer Liebe arbeiten? Beziehung ist Arbeit. Keine romantische Liebe hält auf Dauer. Letztlich auch die grundsätzliche Überlegung: Hat sich die Beziehung erschöpft? Dürfen wir es uns gönnen, endgültig auseinanderzugehen?

Jeder von uns lebt mit familiären und gesellschaftlich geprägten Auffassungen über Eifersucht und über die Norm von Beziehung. Ich komme nicht daran vorbei, meine eigenen Eifersuchtsmuster einmal kritisch anzuschauen, eifersuchtsförderliche durch bewältigungsförderliche Auffassungen zu ersetzen. Auf die Gefahr, den einen oder anderen Leser zu provozieren, möchte ich an dieser Stelle konträre Auffassungen zur Theorie der Beziehungen anführen:

Ich kann nur einen Menschen lieben – ich kann mehrere Menschen lieben.

Mein Partner muß mir alles sein – mehrere Partner bieten mir viele Facetten.

Ich biete meinem Partner den gesamten Kosmos aller Möglichkeiten – mein Partner braucht auch die Lebendigkeit anderer Menschen.

Ohne den Partner bin ich ein Nichts – ich bin eine eigenständige wertvolle Persönlichkeit.

Absolute Treue ist zu erwarten – Treue müssen wir ausdrücklich und im Detail vereinbaren.

Sex kennt keine Selbstbestimmung – für meine Sexualität bin ich letztlich selbst verantwortlich.

Treue ist identisch mit sexueller Exklusivität – Treue ist in erster Linie Rücksichtnahme, gefühlsmäßige Verbindung.

Treue zum anderen ist der höchste Wert – mein Eigensinn, das Hören auf meine eigene innere Stimme und Lebendigkeit ist der höchste Wert.

Die Liebe ist ein Kind der Freiheit. An der Eifersucht zu arbeiten, heißt, an sich selbst zu arbeiten. Es bedeutet, das in der Kindheit verletzte Selbstwertgefühl zu heilen. Es bedeutet, die irrationalen, unbewußten, kindlichen Verlassenheits- und Trennungsängste zu erinnern, gefühlhaft zu wiederholen, durchzuarbeiten und zu verabschieden. Es heißt, endlich sein Ich zu stärken. Dazu kann eine Therapie, Selbsterfahrungsgruppe oder das Reden

81

im Zwiegespräch dienen. Vor allen Dingen aber gilt: Der Partner darf das trübe Suchtspiel der Eifersucht nicht länger mitspielen. „Eifersucht", so sagte der Schweizer Schriftsteller Max Frisch einmal, „ist die Angst vor dem Vergleich." Mich mögen heißt, mich selbst bedingungslos anzunehmen, ein warmherziges Gefühl mir gegenüber zu entwickeln, mich mir selbst zum Freund zu machen.

„Du sollst den anderen lieben wie dich selbst", heißt es im Neuen Testament. Den anderen kann ich also nur lieben, wenn ich zuvor gelernt habe, mich selbst zu lieben. Eine Liebe, die den anderen zum Sklaven macht, ist Hörigkeit. Wenn ich meinen Partner kontrolliere, so wird er aus der Kontrolle ausbrechen. Gute Partnerschaften sind in der Regel die, in denen jeder dem anderen größtmögliche Freiheit läßt, indem er dem anderen das Gesetz der Entwicklung überläßt. Man kann einen Menschen nicht besitzen.

Die Eifersucht verweist zurück auf meine innere Einsamkeit. In der Eifersucht bin ich nicht fähig, mit anderen Menschen lebendigen Kontakt zu knüpfen. Um so mehr klammere ich an meinen Partner. Um Eifersucht zu überwinden, muß ich deshalb die engen Grenzen meines Ego verlassen und auf andere Menschen zugehen. Je mehr Menschen in mein Leben eintreten, desto besser kann ich meine innere Abhängigkeit vom Partner lösen. Je mehr ich die Liebe anderer Menschen zu mir zulasse, desto selbstbewußter und liebessatter werde ich und kann dem Partner mehr Freiheiten lassen.

82

Als Partner eines Eifersüchtigen muß ich mich klar verhalten. Dem Partner sagen, daß er selbst seine Eifersucht als einen Krankheitszustand überwinden muß. Ihm vorschlagen, eine Therapie zu machen, in eine Männergruppe oder in eine Frauengruppe zu gehen. Ihm sagen, daß die Eifersucht allein sein Problem ist. Mich nicht in endlose Diskussionen verstricken, sondern mich, wenn die Eifersucht pathologisch wird, entziehen. Dem Partner zeigen, ich erlaube dir nicht, über mich diktatorisch zu bestimmen. Dem Partner sagen, daß meine Solidarität ihm gilt, daß ich aber sein eifersüchtiges Verhalten nicht tolerieren kann.

Eifersüchtigen helfen heißt möglicherweise, wie in der Suchttherapie, „Hilfe durch Nichthilfe" zu leisten. Dem Eifersüchtigen zu helfen kann auch bedeuten, im extremen Fall den Weg zur Trennung einzuschlagen. Selbstverständlich bedeutet es auch, nicht die Gewalt des Eifersüchtigen hinzunehmen.

„Die Eifersucht ist eine Nacht, in der keine Sterne leuchten", lautet ein irisches Sprichwort. Der Eifersüchtige steht immer in der Gefahr, nicht nur seinen Partner, sondern auch seine Selbstachtung zu verlieren. Die Auflösung seiner Verschmelzungswünsche – das ist die seelische Knochenarbeit, die der Eifersüchtige zu leisten hat. In der Eifersucht geht es immer auch um die tiefste Form existentieller Verzweiflung.

„Verzweiflung", so analysiert der dänische Philosoph Kierkegaard, „betrifft letztlich nie das äußere Objekt, sondern immer uns selbst. Ein

Mädchen verliert ihren Liebsten und sie verzweifelt. Nicht über den verlorenen Liebsten, sondern über sich selbst ohne diesen Liebsten. Und so ist es bei allen Fällen von Verlust... Der unerträgliche Verlust ist nicht wirklich an sich unerträglich. Was wir nicht ertragen können, ist, daß wir, des äußeren Objekts entkleidet, nackt dastehen und den unerträglichen Abgrund unseres Selbst sehen." Dieser „unerträgliche Abgrund unseres Selbst" ist unser mangelndes Selbstwertgefühl.

Ein alter Spruch besagt: „In Eifersucht ist mehr Selbstliebe als Liebe enthalten." Das bedeutet, daß Eifersucht egozentrisch ist. Wir sind in der Eifersucht bei der eigenen Kränkung und nicht beim Partner. Kierkegaard sagte, das, was wir in der Eifersucht lieben, ist unser leeres Selbst.

Gegen die Eifersucht, die „dunkle Schwester der Liebe", gibt es letztlich nur zwei Medikamente: Die wiedergefundene Liebe zu sich selbst und die Freiheit – für sich und den anderen. Die krankhafte Eifersucht zu bewältigen heißt nachzureifen, eine runde Persönlichkeit zu werden, die eigene Wunde des nicht oder zu wenig Geliebten zu heilen. Wolfgang Asam hat dies in seinem Lied „Geborgen für uns, für andere frei" schön in Worte gefaßt:

Was ich jetzt sage,
hör gut zu:
Ich bin ein Mensch mit Sehnsucht nach Liebe
genau wie Du.
Ich will zu jemand gehören
und doch noch eigen sein.
Ich bin da, wenn Du mich brauchst,
aber bitte, sperr mich niemals ein!
Ein Vogel hört auf zu singen,
sperrst Du ihn erstmal ein.
Doch wenn ein Nest zum Käfig wird,
ist es schwer, Dein Freund zu sein.

Verlassen und verlassen werden

Wenn einer geht
bleibt einer da
und wer bestimmt
von welchem nun
das Herz zerrissener ist

Bettina Wegner

Zweite Lebenshälfte, das bedeutet, mit dem unabweisbaren Problem alter und neuer Trennungen innerlich fertig zu werden. Jetzt sind sie schmerzlicher als je zuvor. Trennung ist eine Grunderfahrung des Lebens. Unser Leben beginnt mit einer fundamentalen Trennung, der Austreibung aus dem Mutterleib. Als ohnmächtige und hilflose Babys rutschen wir, mehr unfreiwillig als freiwillig, durch den Geburtskanal gepreßt, in das eher kalte Licht der Welt. Wir sind existentiell angewiesen auf den Schutz von Mutter und Vater, ohne sie würden wir binnen Stunden sterben. Meist schreien und weinen wir, wenn wir den schützenden mütterlichen Leib verlassen haben.

Als Kleinkinder sind wir auf Jahre hinaus von Trennungsängsten erfüllt. Immer wieder versichern wir uns, besonders wenn wir gerade laufen lernen, der haltgebenden Präsenz von Mutter oder Vater. Die Trennung ist eine archetypische Erfahrung. Einssein ist unsere Sehnsucht. Aber sie währt nicht lang. Das principium individuationis, also das Gesetz der Ichwerdung, verlangt nach Trennung und Abgrenzung des eigenen Ichs. Wir müssen das mütterliche Paradies verlassen. Wir müssen die kleine Welt des Gartens, der Straße, der weiteren Umgebung erkunden. Wir müssen die Abwesenheit der Eltern aushalten. Wir müssen aus der Kronprinzen- bzw. Kronprinzessinnenrolle aussteigen und uns in das Kollektiv des Kindergartens oder das Ensemble der ersten Schulklasse einreihen. Wenn wir davor zurückscheuen, bleiben wir auf einer kindlichen Entwicklungsebene stehen. Wir werden Mutter-Söhne und Mutter-Töchter, Dauergäste im „Hotel Mama".

In dem Lied „Hänschen klein" wird die Odyssee der Ich-Werdung fesselnd beschrieben. Erinnern wir uns an den Beginn des Liedes:

Hänschen klein
ging allein
in die weite Welt hinein,
Stock und Hut
stehn ihm gut,
ist ganz wohlgemut,
aber Mutter weinet sehr,
hat ja nun kein Hänschen mehr ...

Das rührt uns seit Kindestagen an. Diese Situation kennen wir alle. Wir fühlen mit der weinenden Mutter, aber auch mit dem tapferen Hänschen. Wir spüren die Ambivalenz der Abschiedsszenerie: Die Mutter weint zwar, aber im tiefsten Herzensgrund will sie ihren Hans nicht zurückhalten, sie nimmt ihre eigenen Schmerzen billigend in Kauf. Würde sie nämlich Hänschen klammern, könnte der Junge nicht in die Welt und er könnte sich nicht entwickeln. Just diese innere Zustimmung der Mutter formuliert das Lied präzise:

Wünsch dir Glück,
sagt ihr Blick,
kehr nur bald zurück.

Im positiven Fall geben wir unsere Kinder frei, wir gestatten ihnen ihre notwendige Ablösung, die sozusagen eine zweite Abnabelung darstellt. Die Kinder verlassen uns, und sie werden nie wieder als Kinder zurückkehren. Wir freuen uns auf ihre Rückkehr als Erwachsen. Wir können den Fluß des Lebens nicht blockieren. Das Leben ist eine Kette von Abschieden und Wiederbegegnungen auf einer anderen, im Idealfall höheren Ebene. Im elterlichen Schoß würden wir verkümmern. Die Welt wartet auf uns. Sie wird uns formen. Wir gehen die geheimnisvolle Chemie der Beziehungen mit anderen Menschen ein. Wir selbst werden zu anderen. Dieser Weg ist schön und schwer, widersprüchlich und notwendig, machmal geradlinig, manchmal krumm wie ein kleiner Bach. Im Kinderlied heißt es weiter:

„Sieben Jahr', trüb und klar,
Hänschen in der Fremde war,
da besinnt sich das Kind,
kehret heim geschwind.
Doch es ist kein Hänschen mehr,
nein, ein großer Hans ist er,
braun gebrannt
Stirn und Hand,
wird er wohl erkannt?"

Die neue Identität ist da. Sie enthält alte und fremde Anteile. Aus dem blassen Hänschen ist ein braungebrannter Hans geworden, aus dem Knirps ein Mann. Er lächelt vielleicht noch wie früher, der Klang seiner Stimme ist ähnlich, aber es ist gar nicht so sicher, ob ihn die Mutter noch erkennen wird. Er hat trübe und klare Erfahrungen gemacht, allein, ohne die Hilfe von Mama. Das Lied informiert uns, daß ihn die eigene Schwester nicht mehr erkennt. Es gibt uns aber auch eine tröstliche Botschaft. Diese gute Mutter hat die Trennung bejaht. Sie freut sich über die Andersartigkeit des Jungen. Sie zankt nicht. Sie begrüßt ihn mit den Worten:

Hans, mein Sohn,
grüß dich Gott, mein Sohn!

Leben, so belehrt uns dieses schlichte Lied, bedeutet immer wieder Trennung. Diese Trennungen sind mit Angst, Wehmut und existentieller Verunsicherung für alle Beteiligten verbunden. Das Leben beginnt mit der Trennung vom Mutterleib und es endet mit der Trennung von sich selbst. Jeder Lebenszyklus beginnt und endet mit einer Trennung. Der erste Schultag beendet die Kleinkindheit, das Abitur die Schule, das Diplom das Studium, die Heirat das Junggesellentum ... Das Alter ist die Trennung von der Jugend, die Pension die Trennung von der Arbeit, das Sterben die Trennung von der Lebendigkeit. Einmal ganz zu schweigen von den Trennungen beim Tod der Eltern oder des geliebten Partners, bei der Scheidung, den Berufswechseln, den Umzügen von einer Region in die andere, dem Abschied von dem einst unverwüstlich scheinenden, jugendlichen Körper in sein Älterwerden und Verblühen hinein.

Leben ist der stete Prozeß des Entwurzelns und des neuen Verwurzelns. Wir müssen die Wurzeln unserer Ursprungsfamilie kappen, wir beheimaten uns mit neuen Wurzeln in der Ehe, im eigenen Beruf, in einem Haus, in einer Landschaft, im Netzwerk von Freunden. Immer wieder müssen wir Verwurzelungen lösen, Freunde, berufliche Situationen, Gewohnheiten verlassen, um Neuland zu betreten. Jeder Verlust konfrontiert uns auch mit unserer Endlichkeit, mit unserem episodenhaften Aufenthalt auf der Bühne des Lebens. Verlassen und verlassen werden ist, wie der Psychoanalytiker Caruso so treffend formulierte, der Geschmack des Todes mitten im Leben.

Mit dem Abschiednehmen geht es uns, dort wo es sich um harte Übergangspassagen des Lebens handelt, oft wie mit den Phasen des Trauerprozesses. Verena Kast hat das in ihrem Buch „Trauern. Phasen und Chancen des psychischen Prozesses" (1982) so eindrucksvoll geschildert, daß ich es nur anzudeuten brauche. Jeder Trauerprozeß, so sagt die große Schweizer Psychologin, beginnt mit einem Nicht-wahrhaben-Wollen. Ich leugne einfach den Verlust. Mein Partner hat mich verlassen. Ich spalte psychologisch auf: Der ist der Böse, ich das unschuldige Opfer. Meinen Anteil, meine Täterrolle übersehe ich dabei. Ich bleibe in der Ignoranz wie in einem Sumpf stecken.

Ohne die Trauerphasen rigide schematisieren zu wollen, spricht Verena Kast von einer zweiten Phase der chaotischen Emotionen. Ich laufe sozusagen Amok. Aggressionen, Groll, Wut, Gram, Rachegefühle, Selbstzweifel, Minderwertigkeitskomplexe, Schuldgefühle, Panikattacken, Einsamkeitsgefühle, Wut auf den Partner, Wut auf mich selbst, körperliche Reaktionen wie Durchfall, Verstopfung, Kopfschmerzen, Appetitverlust, sexuelle Verödung, erhöhter Blutdruck, Schlafstörungen, Konzentrationsstörungen peinigen mich. Ich bin verzweifelt. Ich habe keine Zukunft mehr. Bald wieder bin ich ganz euphorisch und von Grandiositätsphantasien erfüllt.

In einer dritten Phase beginnt nach Verena Kast die Phase der Selbstkonfrontation und des Suchens. Ich schiebe nicht mehr die Schuld an der Trennung einseitig auf den Partner, ich nehme moralische „Delegationen" zurück („du bist ein Schwein"). Ich sehe meine eigenen Licht- und Schattenseiten. Ich bilanziere die Beziehung. Ich frage mich nüchtern: Was war gut? Was war problematisch? Wie hat der Partner mich geschädigt? Wie hat er mich bereichert? Was ist mein Eigenwert? Ich kehre in den Alltag und die Berufspflichten zurück. Ich entdecke wieder die Freude am Leben. Ich kann den Ex-Partner vergessen. Ich sehe am Horizont der Krise wieder Hoffnung. Ich finde Interesse für andere Menschen. Ich dämonisiere den Ex-Partner nicht länger. Ich bin gefaßt, wenn ich zufällig wieder auf ihn stoße.

Wenn ich mich aus dem Haß und der Depression

herausarbeite, befreie ich mich, wie Verena Kast sagt, in der vierten Phase der Neuorientierung zu neuen Lebensperspektiven und zur freundlichen Akzeptanz meiner selbst. Mir ist Leid zugefügt worden. Ich habe dem Partner Leid zugefügt. Ich habe manches richtig, manches falsch gemacht. Ich werde daraus lernen. Ich bin wieder frei für eine neue Partnerschaft. Ich kann anderen Menschen wieder vertrauen. Ich bin aber auch in der Lage, alleine zu leben. Ich erlebe lustvoll meinen Körper und die wieder erwachende Sinnlichkeit und Gefühlsfähigkeit. Ich formuliere neue Wünsche an das Leben. Ich gewinne neue Lebensperspektiven. Ich akzeptiere das Ende der Partnerschaft, die Verantwortung für meine Gefühle, auch wo sie negativ und häßlich sind. Ich kann mir und vielleicht auch dem Ex-Partner verzeihen. Ich finde mich wieder liebenswert. Ich suche nach neuen Freunden. Ich formuliere neue Vorstellungen von Partnerschaft. Ich habe mich entwickelt und die alte Haut abgestoßen. Ich kann Kritikpunkte meines Ex-Partners an mir annehmen. Ich habe viel gelernt. Ich habe das Wesen meiner alten Beziehung begriffen, ihre Stärke und ihre Problematik, ihren Zusammenhang mit meinen eigenen kindlichen Verletzungen und denen des früheren Partners. Ich bin reifer geworden. Ich erkenne die Endlichkeit des Lebens und der Lebensbeziehungen an. Ich habe immer noch Schmerz, und ich bin doch versöhnt mit mir.

Verlassen und verlassen werden wird von Männern und Frauen unterschiedlich erfahren. Oft muß eine Frau bei der Trennung von ihrem Mann auch den Wunsch nach einem Kind oder weiteren Kindern aufgeben. Die biologische Zeit reicht nicht mehr, mit einem neuen Partner ein Kind in die Welt zu setzen. Das macht traurig. Frauen sind darüber hinaus, auf Grund ihrer Geschlechtssozialisierung, durch den „Besitz" eines Mannes definiert. Die Frau, die verlassen wird, fühlt sich sehr oft in ihrer weiblichen Identität tief erschüttert. Sie hat es, so meint sie, nicht geschafft, den Mann, die Ehe zu halten. Ohne Mann fühlt sie sich nur als halber Mensch. Sie könnte niemals den frechen feministischen Spruch für sich unterschreiben: „Eine Frau ohne Mann ist wie ein Fisch ohne Fahrrad."

Die weibliche Haltung der Selbstdefinition durch einen Mann mag anachronistisch sein, aber sie existiert massenhaft. Verlassene Frauen sind häufig von der Panik ergriffen, nie wieder einen Mann „abzukriegen". Diese Angst schüttelt sie um so mehr, als Frauen, im Unterschied zu den meisten Männern, nach einer Trennung nicht den nächsten besten Partner schnappen, sondern höhere Ansprüche an Beziehungen haben und sich, mit Recht, nicht mit den alten, erniedrigenden weiblichen Rollenzuweisungen durch den Mann begnügen wollen.

Aber auch eine Frau, die weggeht, sei es zu einem neuen Mann oder einfach zu neuen Lebensufern, tut sich nicht leicht. Immerhin werden zwei Drittel aller Scheidungen mittlerweile von Frauen beantragt. Sie leidet an Schuldgefühlen gegenüber ihrem Mann und den Kindern gegenüber, denen sie den Vater nimmt. Natürlich ist die verlassende Frau oft schon zuvor vom Mann innerlich velassen, „gekündigt" worden. Oft schlagen ihr auch die Vorwürfe der Schwiegereltern oder Freunde, Nachbarn entgegen. Wie kann man den armen Mann zurücklassen! Er hat sie doch nie geschlagen!

Die Trauer des verlassenen oder verlassenden Mannes ist, wie ich in vielen Beratungen empfunden habe, tief, aber meistens eher verdeckt und verleugnet. Wenn er verlassen wird, so nagen die Vorwürfe der Ex-Frau an seinem Selbstgefühl, sie stellen oft seinen gesamten männlichen Wertekosmos in Frage. Hat ihm doch die Ex-Frau bei den Trennungsgesprächen seine Gefühlsverschlossenheit, seine emotionale Kälte, seine ausschließlich berufliche Orientierung und Karrieresucht vorgeworfen, seine Lieblosigkeit gegenüber den Kindern. Er spürt selbst, daß in diesen Vorhaltungen Wahrheit liegt.

Das Verlassenwerden durch die – so lange „im Griff gehaltene" Ehefrau – stellt eine einzigartige Kränkung des männlichen Ichs dar. Meine Frau hält mich nicht mehr aus und dokumentiert dies durch ihren Auszug vor Freunden und Nachbarn! Meine untadelige Rolle nach außen bricht über Nacht wie eine Fassade zusammen. Ich verliere die Kontrolle über mein Leben. Erhebliche finanzielle Belastungen kommen auf mich zu, vielleicht der Verlust des alten Sozialstatus. Das Haus muß verkauft, die nicht berufsfähige Ehefrau, die ihr Leben der Erziehung der Kinder gewidmet hatte, muß unterhalten werden! (Die Abhängigkeit der Ex-Frau von seiner finanziellen Unterstützung, ihre erniedrigende Rolle übersieht der Mann meist.)

Was noch schlimmer ist, ist der Verlust der Kinder. Ich habe noch nie Männer in meiner Praxis so weinen sehen, als wenn sie nach einer Trennung davon berichten. Das Sorgerecht geht an die Frau, der Kontakt mit den Kindern beschränkt sich auf Besuchsregelungen. Die Kinder schlagen sich oft auf die Seite der Mutter, eine Entfremdung zwischen den Kindern und dem Vater beginnt. Seine väterliche Identität geht verloren. Plötzlich ist der Mann weder Ehemann noch Vater mehr, nur mehr Zahlvater. Diese Abwertung ist eine psychische Katastrophe. Vor Trauer um die verlorenen Kinder möchte der Mann fast sterben. Aber er kann nicht darüber sprechen, weil er die Gefühlssprache nie gelernt hat. „Den Verlust meiner Kinder empfinde ich wie eine Amputation am lebenden Leib", gestand mir weinend ein frisch geschiedener Mann.

Doch auch der Mann, der selbst geht, leidet darunter, das Vater-Ideal verletzt zu haben, die Loyalität der Kinder zu verlieren. Er ahnt, welche seelischen Schäden er dem Sohn, der Tochter in ihren Entwicklungen zufügt. Er macht sie zu Scheidungskindern mit einer Wunde in ihrer Seele. Scheidungskinder, das zeigen psychologische Untersuchungen, sind stärker als Kinder aus intakten Familien beziehungsgeschädigt und innerlich labilisiert. Das alles spricht nicht gegen die Notwendigkeit, eine Beziehung zu verlassen, wenn sie nicht mehr tragfähig ist. Aber es wirft ein Licht auf die schneidende Schärfe des Trennungsschmerzes. Ohne Seelenarbeit ist er nicht zu verarbeiten; er kapselt sich wie ein Krebsgeschwür ein, jederzeit bereit, wieder aktiv zu werden und zu wuchern. „Als meine Frau und die Kinder mich verließen", bekannte mir ein anderer Patient unter Tränen, „da bin ich einen kleinen Tod gestorben."

Trennung und Wiederfindung sind aber auch die zwei produktiven Momente des Lebensrhythmus. Jede Krise ist immer auch ein Abschied. Der eine sagt meist: „Bleib so, wie du einmal gewesen bist. So habe ich dich geliebt." Der andere erwidert: „Ich habe mich verändert. Ich kann nicht mehr zurück. Du mußt mich akzeptieren, wie ich heute bin." Da geht es dann in Ehen hoch her. Oft ignorieren beide Partner die Entwicklung des anderen, sein Verlassen alter Positionen. Dann findet eine Metzelei statt, wie sie Martin Walser in seinem Miniaturdrama „Zimmerschlacht" mit ätzender Ironie kommentiert: „Die Ehe ist nun mal eine seriöse Schlacht. Nein, nein, eine Operation. Zwei Chirurgen operieren einander andauernd. Ohne Narkose. Aber andauernd. Und lernen immer besser, was weh tut."

Paar-Evolution und Paar-Synthese bedeutet, immer wieder alte Positionen zu verlassen und vom anderen immer wieder verlassen zu werden und ihn erneut wiederzufinden. Wo immer der Partner das Abenteuer neuer Ich-Findung wagt, entfernt er sich ein Stück von mir. Er wird mir fremd, er stellt mich in Frage. Er fordert mich zu einer neuen Synthese unseres Lebens auf, zum Änderungsprozeß. Was uns einmal zusammenführte, kann im Laufe der Jahre zum Grund notwendiger innerer Scheidungs- und Ablösungsprozesse und gemeinsamer Neuidentifikation führen.

Wenn ich als Frau meinen Mann als beschützenden Vater und heldenhaften Ritter gesucht habe, so geht mir exakt dieser eheliche Heldenvater Jahre später auf die Nerven. Ich empfinde ihn nunmehr als bevormundend, besserwisserisch und kontrollierend. Warum? Weil ich inzwischen eine selbständige Frau geworden bin und die alten kindlichen Partnerwünsche abgestreift habe. Also verlange ich von meinem Mann mit Recht, daß er die alte Rolle aufgibt.

Wenn ich umgekehrt als Mann meine Frau als helfende Mutter erkoren habe, die mich rund um die Uhr betreut und meine Unterhosen im Zwickel bügelt, dann hängt mir vielleicht zehn Jahre später diese ödipale Übermama zum Hals heraus: weil ich inzwischen meine Eierschalen abgestoßen habe und mich nach einer kreativen, kantigen und interessanten Partnerin sehne. Ich habe eine Scheidung in mir selbst vollzogen, eine Trennung von meiner alten, kleinkarierten Männerrolle und will als ein neuer Mann von meiner Frau respektiert werden.

Es gibt in seiner Einseitigkeit keinen verhängnisvolleren Satz als das Diktum „In der Ehe muß man den anderen akzeptieren, so wie er ist." Natürlich kann ich aus einem kleinen Mann keinen Riesen und aus einer knabenhaften Ehefrau keine Marilyn Monroe machen. Und natürlich muß ich gewisse Grundzüge des Partners akzeptieren, ihre vielleicht etwas hysterisch inszenierende Grundnatur, seine leicht depressiv gestimmte Seelensubstanz. Aber ich muß den Partner doch auch fordern, ihm Entwicklungen abverlangen, das Beste aus ihm herauslieben, manchmal auch herauszanken!

Paare, die von sich behaupten „Wir streiten uns nie", sind so lebendig wie die Mumien in den Pharaonengräbern. Krisen sind interne psychologische Scheidungen, sie sind Ent-täuschungen, Verlust von Illusionen und damit Wirklichkeitsgewinn.

Verlassen und verlassen werden – das hat etwas mit der Treue zu sich selbst zu tun. Es gibt nicht nur die Treue gegenüber dem anderen. Im Laufe eines Lebens verlassen wir Menschen, und wir werden selbst verlassen. Wir lösen uns von vielen Dingen. Das ist der Preis des Lebens. Immer wieder müssen wir auch Menschen und Verhältnisse aufgeben, die wir lieben. Das verlangt die Treue zu unserer Entwicklung. Scheidungen sind, so gesehen, oft ein innerer Sieg.

Judith Viorst sagt in ihrem scharfsinnigen Werk „Mut zur Trennung": „Ich habe gelernt, daß wir im Lauf unseres Lebens andere Menschen verlassen und selbst verlassen werden und uns von vielem lösen, das wir lieben. Der Verlust ist der Preis, den wir für das Leben bezahlen. Es ist auch der Ursprung eines großen Teils unserer Weiterentwicklung und dessen, was wir gewinnen". Wie immer ich mich auch einbinde in Menschen und Lebensverhältnisse, letztlich bin ich ein Individuum, ein Getrenntes und nicht mehr Teilbares, wie es das lateinische Wort besagt. In Trennungen ordne, kläre und schütze ich mein Leben, gebe ich der Entwicklung Platz.

Wer in einer Trennungssituation steht, dem empfehle ich überdies das vorzügliche Buch des Berliner Psychiaters Horst Petri „Verlassen und verlassen werden", auf dem meine Überlegungen basieren. „Stillstehen ist Zurückgehen", heißt es in den Sinnsprüchen des Cherubinischen Wandersmanns. Verlassen und verlassen werden offenbart uns etwas von der Verletzlichkeit, aber auch dem Schöpfertum unseres Lebens. Absolute Sicherheit gibt es nicht. Ein Leben ohne Trennungsschmerz wäre Versteinerung. Statt die Trennungen zu umgehen, müssen wir lernen, mit ihnen umzugehen. Wo wir Trennungen nicht gewagt haben und das nicht mehr Lebbare festzuhalten versuchten, haben wir uns selbst und anderen Leid zugefügt.

Es ist beim Verlassen wie beim Vorgang des Gehens: Mit jedem Schritt verlieren wir eine Position und entfernen uns unwiderruflich von einem Punkt – und wir gewinnen einen neuen Raum, den Ort der Zukunft. Wie wir die schöpferische Aufgabe des Verlassens und des Verlassenwerdens meistern, das hängt von unserer Einsicht in das Unvermeidliche ab. Die Dichterin Hilde Domin hat einmal idealtypisch formuliert, wie so ein Leben der Verluste und des Neugewinns aussehen könnte:

Man muß weggehen können
und doch sein wie ein Baum
als bliebe die Wurzel im Boden
als zöge die Landschaft
und wir ständen fest.

Das Verdrängte in meiner Seele

Suche nach deiner anderen Hälfte,
sie geht immer neben dir;
sie strebt danach, das zu sein,
was du nicht bist.

Antonio Machado

In der zweiten Lebenshälfte sind wir gefordert, uns endlich unserem Schatten zu stellen. „Der Schatten", sagte C. G. Jung einmal, „ist das, was ein Mensch nicht sein möchte." C. G. Jung: „Jedermann ist gefolgt von einem Schatten, und je weniger dieser im bewußten Leben des Individuums verkörpert ist, um so schwärzer und dichter ist er. Wenn eine Minderwertigkeit bewußt ist, hat man immer die Chance, sie zu korrigieren … Aber wenn sie verdrängt und aus dem Bewußtsein isoliert ist, wird sie niemals korrigiert. Es besteht dann überdies die Gefahr, daß in einem Augenblick der Unachtsamkeit das Verdrängte plötzlich ausbricht. Auf alle Fälle bildet es ein unbewußtes Hindernis, das die bestgemeinten Versuche zum Scheitern bringt" (GW 11 §131). In uns sind lichte und dunkle, aktive und passive, gelebte und ungelebte Seiten. Der Schatten ist ein lebendiger Teil unserer Persönlichkeit, der, wie C. G. Jung formuliert, „darum in irgendeiner Form mitleben" will.

Der Schatten ist oft das Negative, Abgespaltene

unserer Identität, unserer „zweiten Persönlichkeit", oft aber auch ein durchaus positives, noch nicht realisiertes Element in unserem bewußten Leben. Den Schatten zulassen, ihn zu erkennen und zu akzeptieren, heißt, seinen Würgegriff zu sprengen. Es bedeutet, meine Persönlichkeit in ihrer Ganzheit zu leben.

Das klingt vielleicht abstrakt. Schauen wir uns drei Beispiele für die verborgene Aktivität des Schattens an. Da ging im Juli 1994 eine klerikale Meldung aus Paderborn durch die deutsche Presse. Urheber war jener Erzbischof Degenhardt, der bekanntlich dem Kirchenkritiker und Gelehrten Eugen Drewermann die Ausübung des Priesteramtes verboten hat. Der konservative Gottesmann warnte vor der Gefährdung junger Männer durch den Anblick „nackter entblößter Körper" bei der Pflege ihrer Kleinkinder. Degenhardt meinte das absolut ernst und nicht als Scherz. Hier wird deutlich: Der Zölibat und die 2000 Jahre alte amtskirchliche Sexualneurose erzeugt auf die Dauer eine ziemlich schmutzige Phantasie und fanatische Verleugnung des Leibes selbst unserer Babys. Der Mann Degenhardt lebt offensichtlich weder seine Sexualität noch seine Körperlichkeit. Das ist ein schweres, mit harten Versagungen bezahltes Los. Was Gegenstand seiner Sehnsucht ist, muß der hohe Kleriker offensichtlich verteufeln …

Hinter der Verachtung, schrieb Sigmund Freud, steckt oft das Begehren. Wer, wie die einsamen Zölibatäre der katholischen Kirche, die Sexualität aus seinem Geist und Körper verdrängen muß oder sie wie ein kleiner Junge versteckt oder mit hohen Schuldgefühlen gelegentlich lebt, der wird dazu neigen, diese Selbstbestrafung auch auf die ihm anvertraute Herde zu projizieren. Wen wundert es dann, wenn die derart psychisch geschädigten und verklemmten klerikalen Zwangsjunggesellen sich zu allen wichtigen Angelegenheiten in Sachen Sexualität, Verhütung, Abtreibung, Homosexualität, Gleichberechtigung und Scheidung so unmenschlich und unqualifiziert äußern wie heute! Wem die Sexualität Angst macht, der will sie nicht wahrhaben. Er verdrängt sie in das Schattenreich seines Ichs. Er lebt sie nicht. Er diskriminiert sie. Da die Sexualität nicht gelebt wird, ist sie als Schatten und Obsession (Besessenheit) unaufhörlich wie ein Verfolger virulent.

Da gibt es, um ein literarisches Beispiel heranzuziehen, in Thomas Manns Familienepos „Buddenbrook" die Brüder Christian und Thomas; ein Spieler, Bonvivant, Hypochonder und sozialer Nichtsnutz der eine, ein bienenfleißiger, steifer und seelisch gepanzerter Kaufmann der andere. Gegen Ende der Familientragödie kommt es zu einer leidenschaftlichen Auseinandersetzung zwischen den verfeindeten Brüdern. Thomas, der Senator, hat die „nervösen" Krankheiten und die Bummelei seines Bruders Christian satt: *,Und du begreifst nicht, Mensch', rief Thomas Buddenbrook leidenschaftlich, ,daß alle diese Widrigkeiten Folgen und Ausgeburten deiner Laster sind, deines Nichtstuns, deiner Selbstbeobachtung! Arbeite, höre auf, deine Zustände zu hegen und zu pflegen und darüber zu* reden! ... Wenn du verrückt wirst – und ich sage dir ausdrücklich, daß das nicht unmöglich ist –, ich werde nicht imstande sein, eine Träne darüber zu vergießen, denn es wird deine Schuld sein, deine allein...'

,Nein, du wirst auch keine Träne vergießen, wenn ich sterbe.'

,Du stirbst ja nicht', sagte der Senator verächtlich.

,Ich sterbe nicht? Gut, ich sterbe also nicht! Wir werden ja sehen, wer von uns beiden früher stirbt.'
,...du bist ein Egoist, ja, das bist du! Ich liebe dich auch, wenn du schielst und auftrittst und einen niederdonnerst. Aber am schlimmsten ist dein Schweigen, am schlimmsten ist es, wenn du auf etwas, was man gesagt hat, plötzlich verstummst und dich zurückziehst und jede Verantwortung ablehnst, vornehm und intakt, und den anderen hilflos seiner Beschämung überläßt ... Du bist so ohne Mitleid und Liebe und Demut ... Ach!' rief er plötzlich ... ,Wie satt ich das alles habe, dies Taktgefühl und Feingefühl und Gleichgewicht, diese Haltung und Würde ... wie sterbenssatt! ...' Und dieser letzte Ruf war in einem solchen Grade echt, er kam so sehr von Herzen und brach mit einem solchen Nachdruck von Widerwillen und Überdruß hervor, daß er tatsächlich etwas Niederschmetterndes hatte, ja, daß Thomas ein wenig zusammensank und eine Weile wortlos und mit müder Miene vor sich niederblickte. ,Ich bin geworden, wie ich bin', sagte er endlich und seine Stimme klang bewegt, ,weil ich nicht werden wollte wie du. Wenn ich dich innerlich

gemieden habe, so geschah es, weil ich mich vor dir hüten muß, weil dein Sein und Wesen eine Gefahr für mich ist ... Ich spreche die Wahrheit.'

Kurz darauf stirbt der disziplinierte Senator Thomas Buddenbrook. Ein Schlaganfall rafft ihn hinweg. Der letzte Senator der Sippe Buddenbrook hat seine Lebendigkeit, seine Leichtigkeit, seine künstlerische Ader, seine Sehnsucht nach Müßiggang, Spiel, Eros und tänzerischer Balance nie gelebt. Sein ungelebtes Leben hat ihn buchstäblich totgedrückt. Thomas' Schatten, der nicht ausagierte Teil seiner Persönlichkeit, war die Lebendigkeit und anarchische Lebenslust. Der Bruder Christian verkörperte diesen abgespaltenen Teil des älteren Bruders in purer Essenz. Sie bedeutete für Thomas eine Gefahr, eben weil er diesem faszinierenden Fremden nicht ins Auge blicken wollte. Er verdrängte – und er verlor. Paradoxerweise entsteht dem Senator Thomas Buddenbrook in seinem Söhnchen Hanno wiederum just das Schattenbild – dieses musische Kind verweigert sich dem Mathematisch-Kaufmännischen und der knöchernen hanseatischen Disziplin; es flüchtet sich wie Onkel Christian Buddenbrook in die Welt des Theaters, der Poesie und der schwelgerischen Musik eines Richard Wagners.

Umgekehrt hat aber auch der Bruder Christian Buddenbrook einen Schatten, eine nichtgelebte „zweite Persönlichkeit" in dem Erstgeborenen Thomas. Christian verleugnet wichtige, konstitutive Persönlichkeitsmerkmale wie Verantwortungsgefühl, Tradition, Geschäftssinn, kommunales

Engagement, indem er sie einseitig als spießig diskreditiert und als buchhalterische Philosophie herzloser Pfeffersäcke herabwürdigt. Die Brüder Buddenbrook sind sich derart „Schattenbrüder", jeder hat eine ungelebte Seite, die ihm schließlich das Genick bricht, denn auch Christian verkommt als dementer Pflegefall in einem Altenheim.

Nehmen wir ein drittes, außerordentlich plastisches literarisches Beispiel, das die meisten von uns kennen, die Erzählung „Der seltsame Fall des Dr. Jekyll und Mr. Hyde". Der schottische Dichter Robert Louis Stevenson schrieb sie 1886 auf der Grundlage eines eigenen Traums. Gespenstiger Held der weltberühmten Novelle ist der Arzt Dr. Jekyll, ein, wie seine Patienten empfinden, wunderbarer, philanthropischer Arzt, der sich bis zur Selbstaufgabe um die leidende Kreatur kümmert. In der gleichen Stadt treibt aber auch ein kleinwüchsiger, affenartig mißgestalteter und bösartiger Mr. Hyde sein bis zum Mord gehendes Unwesen. Der Leser ahnt es schon – Dr. Jekyll und Mr. Hyde sind ein und die gleiche Persönlichkeit.

Von Jugend an ist Dr. Jekyll sich seiner zwiespältigen Natur bewußt; er hat jedoch aus „fast krankhaftem Schamgefühl" die dunklen Seiten seines Charakters unterdrückt und sorgfältig vor der Umgebung verborgen. Immer mehr ergreift der Gedanke von ihm Besitz, daß, könnten beide Veranlagungen „in verschiedenen Körpern untergebracht werden, das Leben von allem Unerträglichen befreit wäre". Der Mediziner experimentiert, und es gelingt ihm die Herstellung eines Elixiers,

105

das ihm eine solche, nachgerade schizophrene Dissoziation (reale Persönlichkeitsspaltung) ermöglicht. Als Mr. Hyde, in seinem „alter ego", lebt er seinen Haß auf Menschen, seine Machtgefühle, das Böse. Zu seiner Rückverwandlung in Jekyll bedarf er immer größerer Mengen des Elixiers, dessen Ingredienzen schwer zu beschaffen sind. Jekyll sieht sich mit der Charakterfrage konfrontiert, eines Tages für immer das Phantom Hyde bleiben zu müssen. Jetzt entschließt er sich, mit einem Selbstmord beide Identitäten auf einmal auszulöschen und die Welt von einem Ungeheuer zu befreien.

Was ist die tiefenpsychologische Quintessenz dieser „Schattengeschichte"? Wohl die, daß wir an der Amputation unserer dunklen Seiten letztlich sterben, wenn nicht physisch, so doch psychisch. Wo Licht ist, da ist auch Schatten. Große, altruistische Persönlichkeiten haben immer selbstverständlich auch kleine menschliche Seiten, Vorurteile, auch Boshaftigkeiten, Rachegefühle, Intoleranzen. Der große Albert Schweitzer etwa, ein grandioser Arzt, Theologe und Musiker, besaß, bei aller Fürsorge für die Schwarzen in Afrika, auch eine patriarchale, in einigen Aspekten kolonialistische Ideologie gegenüber den „Schwarzen" im Busch. Der seltsame Fall des Dr. Jekyll und Mr. Hyde zeigt eine Abspaltung, eine Verleugnung des Schattens, wie wir sie alltäglich praktizieren, in schauerlicher Überzeichnung und Dramaturgie. Natürlich ist diese Erzählung auch, auf der politischen Ebene, eine scharfsinnige, kühne und bitterböse Anklage des Nationalschattens des viktorianischen Zeitalters, das von Gott und „good old England" faselte und zur gleichen Zeit zehnjährige Kinder in Bergwerken und Fabriken zu Tode schindete, die Arbeiter bei Streiks zusammenschießen ließ und das sexuelle Laster kultivierte.

In jedem von uns steckt, etwas übertrieben gesprochen, ein Dr. Jekyll und ein Mr Hyde, eine Außenpersönlichkeit und ein Selbst – eine Maske für den Umgang mit der Welt und ein geheimes, nächtliches Ich, das wir vertuschen. Wer möchte schon gerne Lüsternheit, aggressive Impulse, Haß, Eifersucht, Wut, Geiz, Lüge, Engstirnigkeit zugeben! Und doch liegen sie ganz dicht unter unserer Haut, nur unter einer millimeterdünnen Tarnung verborgen. Sigmund Freud war der Pionier, der die Spaltung zwischen den lichten und dunklen Seiten der menschlichen Psyche sichtbar machte.

Die Konzentrationslager der Deutschen, der Atomabwurf der Amerikaner in Hiroshima und Nagasaki, das rücksichtslose Betreiben des morschen Atomreaktors Tschernobyl durch die Russen sind nur moralisch unterschiedliche Beispiele der „Schattenhaftigkeit" in der menschlichen Natur, die wir als Zeichen der Aufklärung und Wissenschaft so lange verbergen wollten. C. G. Jung hat das Konzept des Schattens und der Verdrängung des Seelischen zu einem der Zentralgehalte seiner Tiefenpsychologie gemacht. Er betonte die Ambivalenz dieser verdrängten Schattenanteile in unserer Seele, ihre mögliche Negativität wie ihre mögliche Positivität.

Wie entsteht eine solche Schattenbildung in unserem Leben? Antwort: durch Erziehung, Normen, durch Imitation. Jede Kultur steckt sozusagen andere Dinge in den Sack des Schattenbereiches. In der antiken Sklavenhaltergesellschaft ist es die Freiheit und Individualität des Individuums, seine unverzichtbare Seelenhaftigkeit. Im Christentum verschwindet die Sexualität im Sack. Aber auch jede einzelne Nation, ja, jede Familie hat eine eigene Kultur des Lebens wie der Verdrängung. Bis wir die Lehre beginnen oder das Studium antreten, haben wir schon eine Menge spontaner Strebungen und Energien in diese Dunkelkammer gesteckt. Aggression, Grobheit, starke Lustgefühle, Frechheit, Neugier, „sacro egoismo" (heiliger Egoismus), Rebellion – das alles paßt nicht zu unserem Bild von uns selbst; es gefällt Vater, Mutter und Erziehern nicht. Im gleichen Maße, wie sich das bewußte Ich in der zwei Jahrzehnte währenden Erstdressur unseres Lebens entwickelt, so wächst auch das unsichtbar Verdrängte, der Sack, der Schatten. Ich und Schatten gehören unzertrennlich zusammen.

Wenn wir schon die Schauergeschichte von Dr. Jekyll und Mr. Hyde in Erinnerung brachten, so ist hier auch Platz für ein ebenso bestürzendes wie phantastisches Notat C. G. Jungs, das er in seiner Autobiographie „Erinnerungen, Träume, Gedanken" hinterließ: „Es war Nacht an einem unbekannten Ort, und ich kam nur mühsam voran gegen einen mächtigen Sturmwind. Zudem herrschte dichter Nebel. Ich hielt und schützte mit

108

beiden Händen ein kleines Licht, das jeden Augenblick zu erlöschen drohte. Es hing aber alles davon ab, daß ich dieses Lichtlein am Leben erhielt. Plötzlich hatte ich das Gefühl, daß etwas mir nachfolgte. Ich schaute zurück und sah eine riesengroße schwarze Gestalt, die hinter mir herkam. Ich war mir aber im selben Moment bewußt – trotz meines Schreckens –, daß ich, unbekümmert um alle Gefahren, mein kleines Licht durch Nacht und Sturm hindurch retten mußte. Als ich erwachte, war es mir sofort klar: Es ist … mein eigener Schatten auf den wirbelnden Nebelschwaden, verursacht durch das kleine Licht, das ich vor mir trug. Ich wußte auch, daß das Lichtlein mein Bewußtsein war: Es ist das einzige Licht, das ich habe … unendlich klein und zerbrechlich im Vergleich zu den Mächten der Dunkelheit, aber doch ein Licht, mein einziges Licht."

Der Schattenbereich unserer Seele ist, pathetisch gesprochen, unsere „Hölle" und unser „Himmel". Hier hausen Zorn, Aggression und Schäbigkeit, aber auch nicht entwickelte Anlagen und Begabungen. Der Schatten ist die verlorene Tiefe der Seele, ist dunkle Energie, aber auch das bislang noch nicht gewagte Schöpferische in uns. Der Schatten ist wie die dunkle Seite des Mondes, aber auch sie hat, wie wir seit der Aufklärungsarbeit der planetarischen Sonden und Astronauten wissen, ihre faszinierenden Krater, Berge und Tiefebenen. Der Schatten stellt die das Ich ergänzenden Anteile, das Komplementäre meiner Persönlichkeit dar.

Meist nehmen wir den Schatten nur in unserer

Projektion auf andere Menschen wahr. Wo uns die Faulheit oder die Stumpfheit, die sprühende Sinnlichkeit oder Introversion eines anderen Menschen nervt, dann nehmen wir etwas wahr, was selbst in uns tief verborgen ist und nicht leben darf. Der Schatten ist Virtualität, „mögliche Möglichkeit", unterentwickeltes, nicht artikuliertes Potential. Wenn wir z. B. depressiv sind und unsere Niedergeschlagenheit zulassen, so begegnen wir unserem traurigen Schatten, der Einsamkeit und der Überforderung des Kindes in uns. Diesen Schatten nehmen wir im Alltag nicht gerne wahr. Da ist die Einnahme eines Valiums, die Flucht in die Arbeitssucht, das manische Bügeln der Wäsche oder das Hocken vor der „Glotze" allemal bequemer.

Es braucht Bereitschaft, die kryptischen Botschaften aus der eigenen Unterwelt zu spüren, die Morsezeichen aus dem Zentrum des Ichs zu decodieren. Nichts fürchten wir mehr als unseren Schatten. Dabei lehrt uns jedes Märchen mit seinen Zauberern, Hexen, Drachen, jedes Grusical mit seinen Frankensteins und Dr. Mabuses, jeder TV-Science-Fiction mit seinen bedrohlichen Außerirdischen und „Aliens" die Existenz der Schatten. Das Märchen erweist uns allerdings die entscheidende Wohltat, den Kampf zwischen Gut und Böse, der in Wahrheit die Auseinandersetzung zwischen den lichten und schwarzen Engeln in uns ist, nach außen, auf verschiedene Personen zu dislozieren. Kinder wissen noch vermutlich mehr von ihrem Schatten und lieben deshalb die Märchen so. Wenn Rotkäppchens Großmutter gefressen, die böse

110

Hexe in den Backofen geschoben und den widerlichen Stiefschwestern Aschenputtels der große Zeh abgeschnitten wird, so begegnen sie dem real Bösen. Versuche, diese Märchen umzuschreiben, den bösen Wolf zu vertreiben, den Backofen zu streichen und die schlimmen Stiefschwestern mit einer Abmahnung zu besänftigen, würde bei Kindern Hohngelächter und Protest auslösen.

Was hier „zum Schutze der Jugend" wiederholt in der Geschichte der Märchenrezeption von wackeren Pädagogen und Volksschriftstellern unternommen wurde, ist so abwegig nicht. In fast jedem von uns steckt ein kleiner Zensor, ein Fundamentalist. Wie gerne möchten wir Dinge verbieten, die nicht in unsere Ideologie, wörtlich unser Bild von der Welt, passen. Der eine möchte alle Porno-Läden verbieten, der nächste jegliche Prostitution, der dritte die Salons der Dominas mit ihren sado-masochistischen Praktiken. Der Fromme will wieder das Gebet im Schulunterricht einführen, der eifernde Atheist die Kirche verbieten. Mancher Unternehmer wünscht das Ende der Gewerkschaften – das hatten wir, zu unserem Unglück, zwischen 1933 und 1945 –, mancher Sozialist will die restlose Beseitigung aller Unternehmer als Klasse – das hatten wir von 1945–1989 auf ostdeutschem Boden...

Wir leben, ob wir das wahrhaben wollen oder nicht, in einer kollektiven und einer privaten Schattenwelt. In einer konservativ-christlichen Familie mußten wir etwa Atheismus, Mischehe und Homosexualität verachten lernen, in einem großbürgerlichen Milieu begegnen wir Arbeitern und Menschen aus der Unterschicht mit Herablassung, als Norddeutsche halten wir Süddeutsche für etwas trottelig, als Süddeutsche empfinden wir Norddeutsche als emotionale Eisbären. Hier ist es in der zweiten Lebenshälfte wichtig zu fragen: Was ist mein Familienschatten? Was durfte in unserer Familie nicht sein? Durfte ich nicht „langweilig" sein? Durfte ich nicht „frech" sein? War es inakzeptabel, krank zu sein? Galten Schwarze, Juden, Türken als Menschen zweiter Klasse? War ein Mann ohne Wehrdienst oder Kriegsteilnahme ein Schwächling? War nur eine Frau mit vielen Kindern eine richtige Frau? Galt die Hausfrau und Mutter als die höchste Form des Weiblichen oder umgekehrt, war lediglich eine berufstätige Frau das Ideal?

Wir haben einen Schatten, allesamt. Das, was wir in uns selbst nicht akzeptieren mögen, das Weich-Männliche, das Mütterlich-Hausfrauliche, umgekehrt berufliches Durchsetzungsvermögen oder männliche Kontur, das alles setzen wir herab, leugnen es, rationalisieren es weg. Wir haben nicht nur einen Schatten, der Schatten hat uns. C. G. Jung fragte scherzhaft, wie man denn jenen Löwen, den Schatten, aufspüren will, der einen bereits verschlungen hat. Der Schatten ist unbewußt. Der Psychoanalytiker Erich Neumann formulierte es so: „Das Ich ist im Schatten verborgen; es ist der Türhüter, der Wärter der Schwelle. Der Weg zum Ich führt über ihn; hinter dem dunklen Aspekt, den er repräsentiert, steht der Aspekt der Ganzheit, und nur dadurch, daß wir uns mit dem Schatten anfreunden, gewinnen wir die Freundschaft des Ich."

C. G. Jung sagte einmal: „Ich wäre lieber ganz als gut." Das ist so zu verstehen: Wenn ich nur gut bin, nur makellos, nur ideal, dann habe ich alle Flecken aus meiner Biographie und meinem Typus retuschiert. Man kann es auch mit Verena Kast so sagen: „Jeder von uns hat eine offizielle und eine inoffizielle Biographie." Die offizielle präsentieren wir bei Bewerbungsschreiben und Vorstellungen. Sie ist gerade und ohne Makel. Die inoffizielle Biographie, unsere wahre Menschwerdung, ist von Kontinuität und Diskontinuität, von Entwicklungen und retardierenden Momenten, von Höhenflügen und Abstürzen voll. Wenn ich mich selbst als Persönlichkeitstyp des korrekten, zuverlässigen, stets sachlichen Menschen beschreibe, so blende ich meine Biestigkeiten, meinen Eigennutz, meine impulsiv-chaotischen Antriebe als verdrängte Eigenschaften aus. Ja, gerade weil ich sie nicht lebe, muß ich sie als indiskutabel und unzumutbar diffamieren. Weil ich mich als großzügige, spontane, künstlerische Person präsentiere, beschimpfe ich Akribie und Verläßlichkeit als „Spießertugenden". Andere sehen durchaus meine Schatten-Inhalte. Ich selbst bin ein Opfer meiner Selbstidealisierung. Tief im Innern meiner ach so selbstlosen Helferpersönlichkeit steckt vielleicht auch ein kühler Egoist, im Herzen meiner Schnoddrigkeit haust ein Feigling, im Auge des zyklopischen Zorns wohnt meine tiefe Liebesbedürftigkeit.

All das Böse, das in größerer oder kleinerer Dosis auch in mir ist, projiziere ich auf andere Menschen, besonders auf die „Bösewichte." Warum lieben die meisten von uns die reichen Schurken und rücksichtslosen Schweinehunde im Krimi? Antwort: Weil sie etwas darstellen, was wir uns selbst nicht zu leben trauen, was eine dunkle Seite von uns widerspiegelt. Indem wir genußvoll im Thriller dem Treiben des Bösen folgen, leben wir ein Stück von unserem inneren „Mr. Hyde". Zarte Frauen lieben oft die wüstesten Filme. Sanfte männliche Zivildienstleistende frequentieren Horrorfilme.

Ob Individuum oder Gesellschaft, alle kämpfen wir gegen unseren Schatten an, obwohl er uns doch ein Psychogramm des unbewußten Teils unserer Persönlichkeit geben könnte. Je mehr wir den Schatten ins Unbewußte zurückdrängen, um so mehr übt er seine Macht und schillernde Faszination aus. Das Böse, das in uns ist, projizieren wir auf die böse Welt. Von dort schaut die eigene Fratze auf uns zurück. Nicht der Schatten ist das Problem, sondern seine Verdrängung. Unser dunkler Bruder, unsere dunkle Schwester lassen sich nicht auf Dauer exilieren. Wo wir Schatten leugnen, da hat er uns am sichersten im Genick. Der erkannte Schatten ist eine Begegnung des Erschreckens, aber auch der Erneuerung. Wie eine Hebamme vermögen wir beim Anblick des eigenen Schattens das bislang Verleugnete zu entbinden und in unsere Persönlichkeit zu integrieren.

Genau das haben wir nicht gelernt. Daß wir es

nicht gelernt haben, dafür hat die Theologie der Amtskirchen Verhängnisvolles getan. Sie hat das Gute dem „lieben Gott" und das Böse dem „Teufel" zugeordnet. Jeder Mensch muß sich folglich ganz mit dem Guten identifizieren. Das Böse ist das radikal Andersartige, das Verbotene, das unter keinen Umständen Akzeptable. Die christlichen Ideologen gingen noch einen Schritt weiter. Sie definierten nicht nur die faktischen Taten als böse, sondern selbst die „bösen" Gedanken als verboten. Sie definierten nicht nur den Ehebruch als „Sünde", sondern bereits den Gedanken, „das Weib seines Nächsten zu begehren". Der Sündenkatalog trug dazu bei, daß die Menschen seit 2000 Jahren sogar ihr Innenleben verleugnen, ihre natürlichen Antriebe zum „Staatsgeheimnis" machen und damit den Schatten immer tiefer unter dem bergehohen Schutt des rigiden Über-Ichs begraben.

Dostojewski hat diesen „Fanatismus des Guten", der die Menschen wie kleine Kinder vor der Selbstgefährdung abzuhalten und zu bevormunden versucht, in seiner ätzenden philosophischen Erzählung vom „Großinquisitor" im Roman „Die Brüder Karamasoff" virtuos entfaltet. Der Kirchenmächtige, diese Kreatur eines größenwahnsinnigen Stalinisten, wie wir heute sagen würden, macht den auf die Erde zurückgekehrten Christus sofort unschädlich, damit er nicht wieder die Menschen vor die freie Wahl zwischen Gut und Böse stellt. Längst regiert die Kirche mit Satan die Welt, hat die Menschen in eine zufriedene, gehorsame Herde verwandelt. Der Großinquisitor bekennt sich zum

Antichrist, mit dessen Hilfe für die Lämmerherde der Menschen das Paradies auf Erden errichtet und das mit Folter und Scheiterhaufen erzwungene Gutsein installiert werden soll. Schweigend küßt Christus diesen Judas von Großinquisitor auf den Mund und schweigend verläßt er den Kerker.

In der Tiefenpsychologie C. G. Jungs und seiner Nachfolgerinnen und Nachfolger wird die „Schattenarbeit" zu einer zentralen Aufgabe seelischer Klärung. Natürlich zentriert sich jede Psychotherapie beim Blick zurück auf dieses Verdrängte der Seele, gleichgültig, ob der Analytiker und Therapeut vom „Schatten", von der „Verdrängung" oder vom „Widerstand" spricht. Die Ehe, respektive die Beziehung, gleichgültig ob unter hetero- oder homosexuellen Paaren, ist ein einziges „Schattentheater". Jeder trägt gleichsam den Schatten des anderen. Ich habe Aspekte reichen innerlichen Seins, die du nicht hast, die du nicht haben willst oder nach denen du dich insgeheim sehnst. Du hast Potenzen, die ich nicht besitze, die ich verdränge, die meine Persönlichkeit möglicherweise abrundeten.

Da paart sich der Lebenstüchtige mit dem Antriebslosen, der glühende Liebhaber der Nähe mit dem chronisch Distanzierten, die Selbständige mit dem Unselbständigen, der Aggressive mit der Sanftmütigen, der schizoid Verschlossene mit dem Depressiv-Helfenden, die Zwanghafte mit dem farbig, hysterisch Inszenierenden. Das ist emotionale „Arbeitsteilung" in der Beziehung. Die Aggression, vor der ich Angst habe, die lebst du mir vor.

Weil du aggressiv bist, brauche ich die Streitfähigkeit nicht zu lernen. Weil du sanftmütig bist, offen und beziehungsfähig, kann ich rücksichtslos sein.

Tatsächlich lebt der Zornige den nicht gelebten Zorn seines Partners ständig aus – der braucht sich nicht um seine Konfliktfähigkeit zu bemühen –, der chronische Steh-auf-Mann und seine still depressive Frau handeln, jeder auf seiner Seite, sozusagen mit den verleugneten Anteilen des eigenen Ich: Du hast das Ressort Depressivität, ich habe das Ressort Lebensfreude. Jeder sieht am anderen das, was er in sich selbst unterdrückt – und kann wie ein Don Quijote gegen Windmühlen ankämpfen, sein Leben lang.

Selbstverständlich drücken auch Krankheiten unseren Schatten, das Verdrängte aus – was uns Angst macht, unter die Haut geht, das Herz brechen läßt, auf den Magen schlägt, die Luft nimmt, Durchfall beschert, das Herz schneller schlagen läßt. Eine Krankheit zu verstehen bedeutet oft, unseren Schatten anzunehmen. Warum lebe ich meine Wut nicht? Was fresse ich in mich hinein? Was macht mir (Bluthoch-)Druck?

Schatten sind darüber hinaus kollektive, nationale Schatten: „Alle Südländer sind faul!" – verstecken wir Nordländer hinter diesem Vorurteil nicht das eigene Negative oder die eigene Sehnsucht nach einer gemächlicheren Lebenskunst? „Alle Franzosen sind Schneckenfresser" – denunzieren wir damit selbst unsere eigenen Feinschmeckergelüste? „Der Iwan ist aggressiv" – pro-

117

jizieren wir damit nicht das gewaltige eigene Aggressionspotential, das schon zweimal, 1914 und 1941, zum Überfall auf das russische Territorium geführt hat? Gegenseitige Schatten-Projektion hat über vier Jahrzehnte den Kalten Krieg der Großmächte, des westlichen und östlichen Lagers, bestimmt. „Die Russen planen den atomaren Erstschlag", also müssen wir das Nato-Raketenarsenal verstärken, so lautete etwa in den 70er Jahren das westeuropäische Kalkül der „Nato-Nachrüstung". In just der gleichen Weise bekundete die Sowjetunion „Wir verteidigen uns nur – die Kapitalisten sind die Aggressoren". „Wir sagen die Wahrheit – sie lügen", „Wir informieren – sie machen Propaganda". Diese wechselseitigen negativen Projektionen auf die Leinwand des Gegners machten eine Wahrnehmungsverzerrung aus, die uns, etwa in der Kuba-Krise, an den Rand eines Dritten Weltkrieges brachte.

Der Gegner – das ist nicht immer der andere, er steckt sehr oft mitten in uns. Jeder Mensch und jede Nation, so könnte man sagen, macht sich so viel Feinde, wie er braucht. Das Störende, das Ungeliebte, das Bedrohliche, das wir an uns selbst nicht sehen wollen, können wir dem selbstgewählten Feind ans Revers heften. Dann müssen wir uns nicht mit uns selbst auseinandersetzen.

Verena Kast rät, uns einmal unseren „Schattenfeind" oder unsere „Schattenfeindin" liebevoll anzuschauen, um an ihm/ihr etwas Eigenes zu entdecken. Ich selbst habe einmal an einer früheren Arbeitsstelle einen neu eingesetzten Chef als „zynisch" und „kalten Frosch" glühend abgelehnt. Es brauchte Jahre, bis ich erkannte, daß ich meinen „Schattenfeind", an dem ich keinen guten Faden ließ, beneidete um die Fähigkeit, sich abzugrenzen und Berufsverhältnisse nicht mit einer Familie zu verwechseln.

Der amerikanische Theologe und Männertheoretiker Sam Keen hat einmal unseren projektiven Mechanismus, den anderen zum Sündenbock unserer eigenen Düsterkeiten zu machen, in einem Gedicht „Der Feindemacher" wie folgt skizziert:

Willst du dir einen Feind schaffen,
so fang mit leerer Leinwand an;
skizziere in groben Umrissen die Gestalten
von Männern, Frauen und Kindern.

Tauche in den unbewußten Brunnen deiner
  eigenen verleugneten Finsternis
den breiten Pinsel und
färbe die Fremden mit der unheilvollen
  Tönung des Schattens.

Ziehe in das Gesicht des Feindes die Linien der
  Gier und des Hasses und der Herzlosigkeit,
  die du nicht dein eigen zu nennen wagst.

Nun tilge den Liebreiz der Individualität aus
  den Gesichtern.

Verwische alle Zeichen der Myriaden Lieben,
  Hoffnungen,
Ängste, die sich durch das Kaleidoskop
jedes endlichen Herzens ziehen.

*Verzerre das Lächeln, bis es den hängenden
Bogen der Grausamkeit bildet.*

*Schäle Fleisch von Knochen, bis nur noch das
abstrakte Skelett des Todes übrig ist.*

*Überzeichne jeden Zug, bis die Metamorphose
des Menschen
zu Bestie, Gezücht, Insekt vollzogen ist.
Bevölkere den Hintergrund mit bösartigen
Gestalten aus
antiken Alpträumen – mit Teufeln,
Dämonen, Myrmidonen des Bösen.*

*Wenn deine Ikone des Feindes fertig ist,
wirst du ohne Schuldgefühl töten,
ohne Scham niedermetzeln können.*

Wie kann man den Schatten erkennen, akzeptieren,
integrieren? Die Jungianer sprechen von Schatten-
Arbeit. Voraussetzung dafür ist zuzugeben, daß ich
einen Schatten habe. Einzuräumen, daß mein Ich-
Ideal trügerisch ist und die destruktive wie die
ungeliebte Seite meiner Persönlichkeit verleugnet.
An die Stelle der Verklärung des eigenen Ichs muß
die Desillusion über mein Ich treten, aber auch
das Bewußtsein meiner Defizite und zu ent-
wickelnden Möglichkeiten. Meinen Schatten ernstnehmen, heißt, Barmherzigkeit für meine eigenen
Schwächen aufzubringen und ein Detektiv meiner
künftigen Potentiale zu werden, auch wenn sie mir
Angst machen.

Meinen Schatten akzeptieren heißt begreifen, daß
in mir ein treuer Mann und ein Bock lebt, daß ich

eine Heilige und eine Sünderin bin, daß hinter meinem souveränen Auftreten auch eine schüchterne, graue Maus steckt, daß sich hinter meiner Larmoyanz, der Weinerlichkeit, blanke Wut verbirgt, daß ich öffentlich Moral predige und jährlich das Finanzamt betrüge …

C. G. Jung schlägt vor, die Symptome des Schattens nicht abzuschwächen, sondern sie eher zu verstärken, um sie zu spüren. Wenn ich also depressiv bin, dann steigere ich noch meine Depressivität, wenn ich Schuldgefühle habe, so verstärke ich sie. Ich befreunde mich mit meinem Schatten. Ich komme hinter das Geheimnis, wie ich meinen Schatten, meine Depression, meine Schuldgefühle selbst produziere, und ich kann sie damit beenden.

Die Analytiker in der Tradition Jungs geben uns mehrere, gut praktikable Wege an, den eigenen Schatten zu entdecken: Ich beginne, das Wesen meiner Projektionen zu begreifen – sehe ich die ganze Welt miesepetrig, feindselig und mißtrauisch an? Ist die Welt für mich ein Jammertal? Meine ich, nur mit dem „Faustrecht der Prärie" kann ich mich durchsetzen? Sind alle Priester „Himmelskomiker" für mich? Halte ich, als Frau, alle Männer für Vergewaltiger? Sind, als Mann, alle Frauen nur versorgende Mütter oder, im Gegenteil, „heiße Miezen" für mich?

Meinen Schatten enthülle ich auch, wenn ich, z. B. in einer Gruppe, die anderen frage, wie sie mich sehen. Was liebt ihr an mir? Womit tut ihr euch schwer an meiner Persönlichkeit? Wenn man so fragt, so wird das „Feedback" der Gruppenteilnehmer ein ebenso aufregendes und schönes Erlebnis wie, im kritischen Sinne, eine Stunde der – durchaus akzeptablen – Wahrheit. Wir lieben deine Hilfsbereitschaft, deine Einfühlung, deine zugewandte Freundlichkeit, sagen sie möglicherweise zu mir, aber du rennst auch oft über unsere Grenzen hinweg, mischst dich in unsere Dinge hinein. Du bist zuverlässig, klar und kompetent, melden sie uns vielleicht zurück, aber manchmal bist du verschlossen, unberührbar und scheinbar unberührt von dem, was uns bewegt. Eine ganze Gruppe irrt sich selten in ihrer Beobachtung. Natürlich dürfen wir auch genießen, was sie positiv in uns sehen. In Lahnstein hat schon mancher Seminarteilnehmer, wenn er bei der Übung „Was findet ihr schön an mir?" auf dem „heißen Stuhl" saß und überaus liebevolle und genaue Beobachtungen zurückbekam, vor Ergriffenheit geweint.

Ein weiterer Weg der Schattensuche ist es, unsere „lapsi linguae", unsere Versprecher, zu analysieren. Einmal wollte ich bei einem Vortrag vor 1300 Menschen, im Sinne des Brechtschen Wortes, von den „Mühen der Ebene" sprechen. Tatsächlich sprach ich von den „Mühen der Ehe". Mein Haussegen hing gerade schief ...

Auch Verhaltensausrutscher sind für die Schattenidentifikation aufschlußreich. Wenn ich etwa als sanfter Büroangestellter beim dritten Glas Bier in der Kneipe den Kellner anpöbele und die Runde mit Aggression bedenke, so zeige ich eine verborgene Seite, die, ob es mir paßt oder nicht, in mir steckt.

122

Auch meine spezifische Art von Humor verrät einiges über die Abgründe meiner Seele – bevorzuge ich die beißende Ironie, so offenbart sich darin innere Verletzung und verletzende Wut.

Meinem Schatten begegne ich möglicherweise auch, wenn ich einmal meine Idole und Identifikationen kritisch betrachte – sympathisiere ich als Mann mit Kraftmeiern wie Rambo oder Stallone oder Schwarzenegger? Dann offenbart dies einiges über meine Großmacht und Omnipotenzphantasien. Sympathisiere ich als Frau mit der kessen, uralten Entertainerin Lotti Huber („In der Zitrone ist noch viel Saft"), Maggie Thatcher oder mit der konservativen Rita Waschbüsch vom Zentralkomittee Deutscher Katholiken, so sagt dies viel darüber aus, mit welchen weiblichen Qualitäten ich mich im jeweiligen Falle identifiziere und deidentifiziere.

Nicht nur die Welt draußen ist der Träger des Bösen, auch ich habe das Potential zum Bösen in mir. Ich schimpfe über den ökologischen Raubbau an der Natur und die Gedankenlosigkeit der Politik, privat fahre ich noch immer einen Wagen ohne Kat und rase mit 180 km/h über die Autobahnen. Ich schimpfe über die Kostenexplosion im Gesundheitswesen und belaste gleichzeitig mich und meine Krankenkasse durch mein Übergewicht, mein Rauchen, meine falsche Ernährung, meinen Alkohol- und Kaffeekonsum ... Ich schimpfe über die Politiker in Bonn, aber privat bin ich zu faul, um mich auch nur in einer Bürgerinitiative zu engagieren ...

Die Abgründe in mir zu begreifen, bedeutet auch, dem moralischen Fundamentalismus in mir den Rücken zu kehren und die komplizierte Dialektik zwischen Gut und Böse am eigenen Leib auszutragen. Man kann, wie die Jung-Schule warnt, gleichsam auch dem Guten „verfallen". Das ist in der Konsequenz nichts anderes, als einer Sucht, dem Bösen zu verfallen. Mit einem rigorosen Idealismus kann man sich selbst und andere Menschen quälen. Wer beispielsweise die Unauflöslichkeit der Ehe zur absoluten Norm erhebt, der versündigt sich als geistlicher Führer jeglicher religiöser Observanz, aber auch als Partner in einer Beziehung. Ob ich als Papst meinen „Schafen" oder als Privatmann meiner Frau oder als Frau meinem Mann die Scheidung verbiete, in all diesen Fällen verstoße ich gegen die Menschlichkeit. Denn es kann der Punkt in jeder Beziehung kommen, wo die Lösung der nichtlebbaren Gemeinschaft einen Akt der Vernunft und der Humanität bedeutet. Das Berufen auf eine generelle Norm, das Verbot der ehelichen Auseinander-Setzung, wird zur Perversion lebendiger Moral, wird zum Bösen.

Wenn die Widerstandskämpfer des 20. Juli 1944 die Tötung des Massenmörders Hitler planten und aktiv betrieben, so verletzten sie das Gebot „Du sollst nicht töten", um ein höheres Gut, die Wiederherstellung der Humanität und des Friedens, zu retten. Die Not der sittlichen Entscheidung müssen wir auf uns nehmen. Nicht selten stehen wir in unserem Leben vor der Entscheidung, dem Guten einen Akt des „Bösen" entgegenzusetzen, um wahrhaftig zu bleiben. Wir müssen Versprechen, die wir einem Partner, einem Arbeitgeber, den Eltern, den eigenen Kindern gegeben haben, brechen, weil das Leben in seiner lebendigen Wahrheit längst über unsere Festlegung von gestern hinweggegangen ist und uns zu neuen Entscheidungen drängt.

Überall dort, wo ich der Stimme meines Inneren folge, dem „göttlichen Dämon", wie Sokrates ihn nannte, brüskiere ich oft die Erwartungen und Hoffnungen meiner Umwelt und werde all den Idealismen, die man mich gelehrt hat, untreu. Meinen Schatten akzeptieren bedeutet, die Grenzen meiner Fähigkeiten zum Guten zu erkennen und einzugestehen, zu welchem Übel ich fähig bin. „Gott" und „Teufel" sind in mir. Ich bin nicht nur Opfer, ich habe mich an anderen Menschen in meinem Leben versündigt. Eben das macht ja mein Menschsein aus. Habe ich ein schwaches Ich, dann schiele ich unentwegt verängstigt nach äußeren Normen und Konventionen und schöpfe den Freiraum meiner Entscheidungsmöglichkeiten nicht aus. Ich bleibe außengeleitet. Ich trotte mit in der Herde, im Kollektiv. Da kann der Beginn des Bösen liegen, weil ich ein Mitläufer bin.

Indem ich mich der Freiheit stelle und nur mein Gewissen akzeptiere, trete ich auch hinaus in die eisige Luft der moralischen Konjunktive, der verwirrenden Vielfalt widersprüchlicher sittlicher Entscheidungen. Soll ich etwa mein Leben auf Biegen und Brechen dem Zusammenhalt meiner Familie unterordnen und damit die von Kirche und Gesellschaft erwünschten Normen erfüllen? Oder mute ich den Meinen die Trennung und damit die Wahrheit zu? Lebe ich die Freiheit meiner erotischen Sehnsüchte und verstoße damit gegen „Treu und Glauben"? Oder lebe ich die gußeiserne bürgerlich-christliche Sexualmoral und verurteile damit möglicherweise meine Lebendigkeit zum Tode? Staat, Kirche und Gesellschaft geben uns als Individuum keine verbindlichen Antworten mehr. Wir müssen selbst entscheiden. Wir sind Kinder der Aufklärung. Wir erbten ihr Licht und ihren Schatten, ihren Fortschritt und die Ängste der moralischen Autonomie. Wie war das noch so klar, als der „Himmel" sich über uns wölbte und die „Hölle" unter uns drohte.

Mahatma Gandhi, der das Verdrängte in unserer Seele wohl kannte, sagte einmal: „Die einzigen Teufel in der Welt sind die, die sich in unseren Herzen herumtreiben. Das ist der Ort, wo der Kampf ausgetragen werden muß."

Der geistigen Menschen höchste Leistung
ist immer Freiheit,
Freiheit von den Menschen,
von den Meinungen,
von den Dingen, Freiheit zu sich selbst.

Stefan Zweig

Depression als Chance

Die zweite Lebenshälfte ist die bevorzugte Ära der offenen und versteckten Depressionen. Nach einer repräsentativen Studie des Instituts für medizinische Psychologie der Universität Göttingen leiden 27 Prozent der Deutschen über 65 Jahre an Depressionen. Besonders anfällig für Depression sind dieser Studie zufolge körperlich kranke und allein gelassene alte Menschen. 64 Prozent von ihnen leiden an depressiven Störungen. Diese Menschen, so ergibt die Studie, müssen pro Monat mit weniger als 20 Kontakten zu anderen Personen, also z. B. Verkäuferinnen, Briefträger, Kellner, auskommen. Die Wissenschaftler, die die Studie in den 90er Jahren erstellten, kamen zu dem Schluß, „daß Depressionen unabhängig von allen anderen Faktoren zu einer höheren Mortalität führen, das heißt die Menschen sterben früher".

Depressionen verkürzen die Lebenszeit. Sie sind jedoch kein Spezifikum des Alters. Längst gilt die Depression unter Kennern als der „Schnupfen" unter den psychischen Erkrankungen. Nicht wegen ihrer Harmlosigkeit, sondern wegen ihrer Häufigkeit. Experten sprechen von einer „Depressionsepidemie". Depression ist heute nach Auffassung der Fachleute dreimal so hoch wie um die Jahrhundertwende. Grundsätzlich jeder Mensch ist für Depression anfällig, davor schützen ihn weder Alter, Schichtzugehörigkeit, noch Geschlecht. Zwar werden Frauen häufiger als „depressiv" diagnostiziert und erhalten folglich erheblich mehr Psychopharmaka, aber dieser Befund ist nicht ganz unproblematisch: Mediziner neigen dazu, wie eine amerikanische Studie an über 23 000 Patienten ergab, depressive Erkrankungen bei Frauen zu diagnostizieren, während sie die entsprechenden Symptome bei Männern übersehen. Die Quote der Fehldiagnosen hinsichtlich depressiver Symptome lag bei männlichen Patienten bei fast 65 Prozent .

Das hat zum anderen damit zu tun, daß Männer ihre Depressivität verleugnen und dem Arzt „anständige" Symptome wie Herzbeschwerden, Bluthochdruck oder Asthma offerieren. Noch immer gilt die Depression fälschlicherweise für eine vorwiegend weibliche Krankheit. Wenn sich in der Bundesrepublik Deutschland jährlich 14 000 Menschen, also die stattliche Zahl einer Kleinstadt, umbringen und die Rate versuchter Suizide jährlich das Acht- bis Zwanzigfache beträgt, wie die Deutsche Gesellschaft für Selbstmordverhütung angibt, so ist die Wachsamkeit gegenüber der eigenen Depressivität, vor allem im fortgeschrittenen Alter jenseits der Vierzigjahresgrenze, angebracht. Doch woran erkenne ich meine versteckte Depression?

Die Medizin verweist uns auf die Unterscheidung zwischen einer endogenen Depression und einer reaktiven Depression. Unter der endogenen Depression, der von innen heraus resultierenden depressiven Verdüsterung, verstehen Medizin und Psychiatrie einen Zustand der tiefen Traurigkeit, Mut- und Hoffnungslosigkeit, deren Ursachen nicht erkennbar sind. Der Begriff „endogene Depression" ist ein Hilfsbegriff. Tatsächlich findet man in einer gründlichen Psychotherapie mit dem endogenen Depressiven häufig die Ursachen seines Absturzes in quälenden Erlebnissen seiner Kindheit, Jugend, seines Privat- oder Berufslebens. Wichtig ist allerdings, daß der endogen Depressive qualvoll leidet, für menschliche Ansprache und Zuwendung kaum mehr erreichbar ist und in der Regel dringlich medikamentöse Unterstützung zur Stabilisierung und Aufhellung seines erschütterten Ichs braucht.

Bei einem solcherart schwerkranken Depressiven kommt das psychotherapeutische Gespräch oder die körperorientierte therapeutische Arbeit erst als späterer, zweiter Behandlungsschritt in Betracht. Die *behutsame* Medikation eines endogenen Depressiven mit Psychopharmaka ist ein Segen. Sie schlägt allerdings in dem Moment in einen medizinischen Fluch um, wenn der Patient auf Jahre hinaus einfalls- und rücksichtslos mit der chemischen Keule behandelt wird. Ärzte nehmen ihm hiermit die Möglichkeit, sich wieder aktiv mit sich selbst und der Umgebung auseinanderzusetzen.

Für unseren Zusammenhang wichtiger sind die Begriffe der „reaktiven Depression" und der „larvierten Depression". Wir sind im Alltagsleben öfters reaktiv und „larviert" depressiv, als wir wissen. Unter der reaktiven Depression versteht man die Trauer, die Stumpfheit, die Niedergeschlagenheit und Lethargie, die ein schweres Erlebnis in uns unmittelbar auslöst – der Tod eines Angehörigen, die schwere Kränkung am Arbeitsplatz, massive

129

Beziehungsschwierigkeiten. Larviert ist eine Depression, wenn sie sich gleichsam maskiert, hinter anderen Krankheitssymptomen versteckt. Eine „normale" Depression spüren wir im allgemeinen selbst deutlich. Nichts macht uns mehr Freude, Antriebslosigkeit, Frust, Trauer prägen unsere Tage. Wir haben keine Lust, aus dem Bett aufzustehen, uns hübsch anzuziehen, Entscheidungen zu treffen, unter Menschen zu gehen. Das Leben hat keinen Sinn mehr für uns, am liebsten möchten wir uns aus allem zurückziehen. Im schlimmsten Fall überfallen uns Selbstmordgedanken. Je nach Charakter fangen wir an, uns aus dem Eisschrank vollzustopfen oder wir vernachlässigen das Essen, wir trinken übermäßig oder wir verkümmern. Wir lassen das Telefon klingeln, den Müllkübel überquellen, öffnen keine Briefe mehr. Wir spüren selbst, wir sind in der Talsohle angelangt. Nach einer gewissen Zeit fühlen wir aber auch, so geht es nicht weiter, und wir machen uns im Normalfall mühsam wieder flott. Wir können im positiven Fall beschreiben, was uns so depressiv macht, können die Ursachen nennen und sie beseitigen – die Trauerarbeit leisten, den Arbeitsplatz wechseln, die Beziehung bessern oder verändern.

Depressionen solcher Art folgen bestimmten Mustern. Da gibt es die Erschöpfungsdepression. Wir schaffen es nicht mehr, es jedem recht zu machen, die Überforderung im Beruf und Privatleben weiterhin zu leisten. Das vermögen wir aber nicht vor uns selbst zuzugeben und zu ändern, also werden wir depressiv. Oder die Opferdepression, wo wir uns chronisch selbst hilflos machen und unsere Grenzen nicht behaupten, auf Gewalt mit Rückzug antworten. Da äußert sich unsere gestaute Aggression als Opferdepression.

Vergessen wir nicht, das Wort Depression geht auf das lateinische Verb „deprimere", herunterdrücken, zurück. Heruntergedrückt wird in der Depression immer die Aggression, sie taucht als Auto-Aggression gegen sich selbst und die eigene Lebensfreude auf. Da ist weiter die Beziehungsdepression, wenn unsere reale, lieblos gewordene Beziehung mit unseren Sehnsüchten nach Wärme und Verbundenheit kollidiert. Oder die Berufsdepression, die vor allem Männer im fortgeschrittenen Alter bedroht. Wir Männer definieren uns fast ausschließlich über unsere berufliche Position, unser professionelles Können. Schikaniert uns ein Chef, entzieht er uns die Sympathie, werden wir strafversetzt oder geraten wir an die grausame Grenze des beruflichen Aufstiegs, so macht uns die Kluft zwischen Berufsalltag und Karrierewunsch um so leichter depressiv, um so weniger wir uns über Familie, Freundschaft und Weltanschauung definieren.

Dann gibt es das, was die amerikanische Psychoanalyse die „Body-Image-Depression" nennt. Das betrifft vor allem Frauen. Wenn ihr Körper nicht mehr den konventionellen Formen des Sex-Appeal, der Schönheit, Schlankheit und ewigen Jugend entspricht, so fühlen sie sich rasch als „Auslaufmodell", als nicht mehr liebens- und begehrenswert. Schließlich die Rentner- und Altersdepression – der vor allem für Männer spürbare Identitätsverlust mit dem Ausscheiden aus der prestigeträchtigen Arbeit, aber auch das Nachlassen der Kräfte, der Sinnverlust, die Angst vor dem Tod.

Schwieriger ist es schon, wenn sich die Depression maskiert. Der amerikanische Neurologe Foerster Kennedy war nach dem 2. Weltkrieg einer der ersten Wissenschaftler, der diesen Begriff der „masked depression" verwendete. In der Folge entdeckten die Wissenschaftler, daß außerordentlich viele körperliche Symptome den verborgenen seelischen Notstand der Depression zu artikulieren vermögen: chronische Kopfschmerzen, Neuralgien des Gesichts, Herzsymptome, Druck- und Beklemmungsgefühle im Bereich des Halses und der Atmungsorgane, Magenbeschwerden, Verstopfung, Durchfälle, Schlafrhythmusstörungen, Schweißausbrüche, morgendliche Erschöpfungs- und Versagenszustände, Unterleibsbeschwerden, Störungen der Sexualfunktion, Appetitverlust, Weinzwang, Grübelzwang, Kontaktverweigerung, das Nachlassen sexueller Appetenz, Konzentrationsstörungen, diffuse Ängste und Mutlosigkeit – Symptome dieser Art sollten uns alarmieren.

Körperliche Ausfallserscheinungen können ein depressives Geschehen maskieren. Aber auch die Flucht in die Hektik, das Abtauchen in die Sucht, sei es nun Alkohol, Rauchen, Kaffee, übermäßiges Essen oder Essensverweigerung, sind seelische Notsignale. Männer überdröhnen die leise Stimme ihrer Depression in der zweiten Lebenshälfte sehr häufig, indem sie sich als Workaholics halbtot

arbeiten und gar keine Zeit für „Seelenkram"
haben. Durch die Arbeitssucht entziehen sie sich
dem längst fälligen Grundsatzgespräch mit der
Frau, der Auseinandersetzung mit den Kindern,
der kritischen Bilanz ihres Lebens. Die Arbeitssucht hilft ihnen zugleich, das Bild ihrer Grandiosität vor sich aufrechtzuhalten: „Die anderen im
Betrieb sind alles Luschen – ich bin unersetzlich."

Eine liebenswerte Frau, nennen wir sie Renate,
die in meine Praxis kam, irritierte mich mit ihrer
manischen Putzsucht. „Die Putzfrauen arbeiten
alle nicht sauber", bemerkte die 48jährige und
berichtete mir, daß sie selbst am Sonntagmittag
noch putzen und die Hemden bügeln müßte. Ihr
Mann sei deswegen sauer. Aber der Haushalt sei
viel zu groß und ein einziges Drama. Ich verstand
das nicht. Renates Kinder waren längst ausgezogen,
der berufstätige Mann pflegte am Abend nur einen
kleinen Happen zu essen. Das Ehepaar war wohl-
situiert, das Anheuern von Hilfspersonal kein Problem. Kann das Führen eines Zwei-Personen-
Haushalts als ausschließliche Lebensaufgabe so ein
Martyrium sein, fragte ich mich. Natürlich lag das
Problem anderswo. Gerade *weil* die beiden erwachsenen Kinder ausgezogen waren, fühlte sich
Renate über Nacht bedeutungslos und ohne
Lebensaufgabe. Sie war abgrundtief traurig. Das
konnte sie jedoch nicht zugeben. Also kaschierte
sie, natürlich in den Tiefen des Unbewußten, ihre
Depression mit Putzsucht und notorischer Nörge-
lei. Als Renate dies in der Therapie erkannte,
konnte sie von den Kindern Abschied nehmen, sich

133

neuen Lebensaufgaben stellen und wieder gesunden.

Ich vergesse auch nicht jenen 50jährigen Mann, nennen wir ihn Hubert, der mich ziemlich ratlos aufsuchte. „Ich verstehe mich selbst nicht mehr", so begann er seinen ersten Satz, „ich bin seit 25 Jahren gut verheiratet, seit rund einem Jahr schlafe ich mit allen Frauen, die ich knacken kann." Hubert war beileibe nicht der Typ eines Casanova. Er fühlte sich bei den erotischen Eskapaden nicht wohl, weil er sie wie unter Zwang absolvierte. „Wenn ich mit der einen im Bett liege", bemerkte er sarkastisch, „so denke ich schon an die nächste Eroberung." Was war mit Hubert los? Im Prozeß der Therapie stellte sich heraus, daß der erfolgreiche Geschäftsmann in eine Sackgasse seines Lebens geraten war. Durch die wirtschaftliche Rezession schwer gefährdet, dümpelte das Unternehmen, in dem er angestellt war, mühsam vor sich in. Hubert mußte seine Entlassung befürchten. Die Chancen auf einen neuen Arbeitsplatz waren nicht eben rosig. Zum gleichen Zeitpunkt hatten seine Kinder das Haus verlassen und die Ehefrau ein Studium begonnen. Erstmalig hatte Hubert in seinem Leben mit Herzattacken zu kämpfen. Hubert, der lange Zeit die Rolle des autoritären Familienpatriarchen und Erfolgsmannes genossen hatte, fühlte sich über Nacht allein und als Versager. Diese Gefühle sind im Repertoire eines durchschnittlichen Mannes aber nicht vorgesehen. Der durchaus gesunden reaktiven Depression setzte Hubert die Verdrängung entgegen. Sie gelang ihm, pulstreibend und mit nachgerader zwangsneurotischer Hektik, dadurch, daß er dem Umbruch, der Trauer und dem Älterwerden die Eroberung meist jüngerer Frauen entgegensetzte und sich derart vermeintlich in seiner Lebenspotenz bestärkte. In der Therapie ließ Hubert erstmals die Tränen fließen. Er lernte, mit sich selbst Erbarmen zu haben und seine Angst und Erschütterung mit seiner Frau zu besprechen. Von da an ging es bergauf.

Nicht immer ist Depression gestauchte Wut. Nicht selten ist Wut auch gestauchte Depression. Wie einen Delinquenten schleppte mir eines Tages ein Ehepaar ihren Sohn, nennen wir ihn Michael, in die Praxis. Michael, 14 Jahre alt, hatten die Eltern ins Internat gesteckt. „Er stammt aus meiner ersten Ehe", sagte die Frau, „er war in der Schule schlecht und meuterte ständig gegen meinen neuen Mann." Jetzt drohte die Internatsleitung, Michael das „consilium abeundi", den Beschluß des Hinauswurfs, zu erteilen, weil der schmächtige, blasse Junge gegen die Erzieher revoltierte und, wie der Stiefvater es drastisch formulierte, „nur Scheiße baute". Als ich mit Michael allein sprach, entpuppte er sich als ein liebenswerter und liebeshungriger Junge. „Ich muß zu dem neuen Mann meiner Mutter Papa sagen", meinte er „dabei hänge ich an meinem richtigen Vater. Weil ich das nicht tue und überhaupt gegenüber meinem Stiefvater reserviert bin, haben sie mich mit dem Internat bestraft. Jetzt bin ich ganz allein. Mein richtiger Vater besucht mich nicht, mein Stiefvater verlangt nur Leistung, nach Hause darf ich nicht." Michael kämpfte mit den

Tränen, die wollte er mir nicht zeigen. Er hätte mir doch sonst seine Depression gezeigt, die er mit Aggression ausagierte. Ein Indianer weint nicht...

So gesehen ist die Depression eine gesunde Reaktion und nichts, für das man sich schämen müßte. Deprimiert sein ist eine unvermeidliche Begleiterscheinung bei Schmerz, Verlust und Tod. Viel schlimmer ist die Unfähigkeit, zu trauern, das Verdrängen der Depression. Die Depression sagt doch nichts mehr und nichts weniger als: „Etwas ist nicht in Ordnung, ich kann nicht mehr." Wenn wir diese Botschaft ignorieren, so brechen wir langfristig wirklich zusammen. Notwendig ist Depressionsarbeit. Was ist nicht in Ordnung? Was drückt mich? Wo muß ich endlich zu mir selbst stehen? Welche schädliche Umwelt muß ich verlassen?

Jede Depression hat ein depressiogenes Milieu. Etwa chronische Schuldgefühle. Bekannt ist das Phänomen der eklesiogenen Depression. „Ich bin ein Wurm, ein Sündenkind, absolut gnaden- und erlösungsbedürftig", das lehren uns die Amtskirchen. Solcher Art in der Kindheit von schwarzen Gottesmännern eingeschüchtert, predigt mir mein rigides Über-Ich ein Leben lang meine Minderwertigkeit, meine Lust als etwas Böses. Von diesen depressiogenen Normen darf ich Abschied nehmen, darf selbstbewußt und fröhlich werden.

Auch die selbst gewählte Abhängigkeit von einem Ehepartner kann depressiv machen. Je abhängiger ich mich machen lasse, desto wütender werde ich über mich selbst und den Partner. Da es mir jedoch schwerfällt, meine Wut auszuleben und

Aggressionen zu zeigen, sinke ich immer hilfloser in die Depression. Die Depression weist mich oft auch darauf hin, meine jahrzehntelangen neurotischen Lebensmuster endlich aufzulösen und nicht länger auf den Partner zu starren.

Als Therapeut wurde mir dies wiederholt deutlich bei Ehepaaren, von denen der eine über lange Zeit alkoholkrank war. Diese Paare kamen zu mir in die Beratung, als der alkoholkranke Partner einen Entzug hinter sich hatte und trocken geworden war. Eigentlich, so dachte ich jedesmal, könnte dieses Paar doch jetzt überglücklich sein. Um so mehr, wenn auch die finanziellen Verhältnisse stimmten. In Wahrheit erwiesen sich die bislang „gesunden" Partner jetzt nach der Rückkehr ihres so lange alkoholkranken Gefährten in das Leben als unglücklich, nörgelig, gereizt. Noch immer jammerten sie über den Partner, er sei an ihrem Unglück Schuld. Fast immer ergab sich bei der Paarberatung, daß der bislang gesunde Partner keinen Sündenbock mehr hatte, daß er sich endlich um sich selbst kümmern mußte. Die Alkoholabhängigkeit hatte nicht nur einen Gewinn für den Alkoholiker, der sich mit seiner Sucht den realen Problemen des Lebens entzog, sondern auch für den Partner des chronisch Kranken: Der Gesunde konnte immer den Alkoholiker beschuldigen. Er brauchte nicht um sein eigenes Selbst, um sein Lebensglück zu kämpfen.

Eine Depression anzunehmen, bedeutet oft, in die Kapitulation einzuwilligen und einen Neubeginn zu setzen: Ich kapituliere, ich kann nicht mit dem Kopf durch die Wand, ich muß die Verhältnisse so akzeptieren, wie sie sind. Eine Liebe ist zu Ende. Ich muß den Arbeitsplatz wechseln. Ich muß mein Haus aufgeben. Ich muß mich mit meinem Alter einverstanden erklären. Als Depressiver baue ich mein depressives Milieu oft selbst mit auf, gemäß dem alten Therapeutenwort: „Der Neurotiker zieht sein bekanntes Unglück dem unbekannten Glück vor."

Die Depression ist sozusagen der Kern einer depressiven Seelenlandschaft, gleichgültig, ob sie familiärer oder betrieblicher Natur ist. Die Chance der Depression besteht darin, daß sie mir unausweichlich mit kritischen Fragen naherückt: Wird Kontrolle auf mich ausgeübt? Werde ich daran gehindert, frei zu sein? Bin ich das Opfer von Trennungsangst? Meine ich, ohne die Gefühlsunterstützung anderer nicht leben zu können? Bin ich Adressat ambivalenter Botschaften, etwa nach dem Muster: „Ich liebe dich, aber…"? Lasse ich mir immer wieder Schuldgefühle einflößen? Werden meine Absichten und Motive falsch gedeutet? Sind meine Beziehungen im Betrieb oder in der Familie durch Rivalitäten vergiftet? Wird meine Ehe monoton und abwechslungsarm? Findet nie etwas Neues statt? Tritt nie ein neuer, fremder Mensch in mein Leben? Erlaubt man mir nicht oder erlaube ich mir nicht, offene Gefühle, vor allem meine Wut und Trauer, zu zeigen? Ist die offene Kommunikation in meiner Umgebung blockiert? Drücke ich mit meiner chronischen Depression meine Wut indirekt aus? Erpresse ich andere mit meiner Depression, mache ich sie zu Tätern? Steckt vielleicht ein „verletztes Kind" in mir, dem ich seit Jahrzehnten nicht beistehe?

Der amerikanische Psychiater Frederic F. Flach spricht in seinem vorzüglichen Buch „Depression als Chance" (Rowohlt) vom Nutzen dieser seelischen Krise: „Wir müssen endlich begreifen, daß Depressionen nicht nur eine ganz normale, gesunde Reaktion auf Streß sind – eine Reaktion, die mitunter das Eingreifen des Arztes erfordert –, sondern daß sie auch, wenn wir sie nur anerkennen, Millionen Menschen die einmalige Lebenschance bieten, sich neu zu definieren – seit langem schwelende destruktive Konflikte bei sich selbst und in ihrer Umwelt zu lösen." Flach: „Was du über die Depression denkst, hängt davon ab, wie du sie erlebst. Es liegt in der Natur der Sache, daß sie ein Ende bedeutet. Und weil nach jedem Ende wieder ein Anfang kommt, soll auch deine Depression ein neuer Beginn sein."

Die Depression als Reaktion auf unzumutbare Koordinaten des eigenen Lebens zu begreifen, kann also Aufbruch in mehrfachem Sinn bedeuten: Ich ändere meine Lebensbedingungen, ich ändere meine bislang beschränkte Sehweise, ich ändere mein eigenes Verhalten. Ich stelle ein neues Lebenskonzept auf. Ich hole mir Hilfe – von Freunden, Institutionen, in Arbeitskreisen, Gruppen, Psychotherapie, durch Selbsterfahrung, Selbststudium, Lektüre und Ausbruch aus dem Kerker meines eng gewordenen Lebens.

Eine reaktive Depression kann in unserem Leben

ein Glück bedeuten, wenn an ihrem Ende ein Reifungs- und Veränderungsprozeß in uns stattgefunden hat. Die Botschaften meiner Depression zu entschlüsseln, hilft mir, meinem wahren Selbst auf die Spur zu kommen. „Jedem Anfang", sagt Herrmann Hesse in seinem Gedicht „Die Stufen", „wohnt ein Zauber inne, der uns beschützt und der uns hilft zu leben." Auch die Krise ist Bestandteil unseres Lebens und nicht einfach eine – zu vermeidende – Panne. Gerade die depressive Phase enthüllt uns, wenn wir sie zulassen, die verborgene Energie des Lebens in all unseren Fasern des Körpers und der Seele.

Buddha hat über diesen unversiegbaren Lebensoptimismus des Menschen selbst in der Todesgefahr eine scharfsinnige Parabel erzählt: „Ein Mensch, der über ein Feld ging, stieß auf einen Tiger. Da rannte er vor dem Tiger davon und kam zu einem Abgrund; dort klammerte er sich an einer Wurzel von wildem Wein an und baumelte so über der Tiefe. Der Tiger fauchte von oben. Vor Angst zitternd blickte der Mensch hinunter und sah in der Tiefe einen anderen Tiger, der ihn verschlingen wollte. Nur der Weinstock hielt ihn. Zwei Mäuse, die eine weiß, die andere schwarz, begannen, Stückchen für Stückchen von dem Weinstock abzunagen. Der Mensch entdeckte neben sich eine wunderschöne Erdbeere. Mit einer Hand den Weinstock umklammernd, pflückte er mit der anderen die Erdbeere. Wie süß diese schmeckte!"

C. G. Jung bezeichnete die Depression als einen Energiestau, nach dessen Auflösung die Energie sich in eine positivere Richtung wenden kann. Die Energie wird nach Ansicht des Schweizer Psychoanalytikers auf Grund eines schweren seelischen Konflikts eingekapselt. Wenn diese Energie befreit wird, hilft sie bei der Lösung des Problems. C. G. Jung schlägt etwas Erstaunliches, paradox Anmutendes vor: Als Betroffener soll ich mich in meinen depressiven Zustand so stark wie möglich einlassen, damit meine verdrängten Gefühle klar hervortreten. Er betonte die schöpferische Seite der Depression. Die Depression tritt nach Jung nicht selten auf als „Stille und Leere, welche neuen schöpferischen Gestaltungen vorausgeht".

Veränderung ist schon alles.
Krankheit das Mittel, ein
Choc, damit die Natur nicht
unterliege.

Goethe,
Faust I, Paralipomena 64

Dr. Max Otto Bruker:
Über den Mythos der „Alterskrankheiten" und die Kunst, alt zu werden

Lieber Dr. Max Otto Bruker, ein Sprichwort sagt: „Das Alter ist ein Spital, das alle Krankheiten aufnimmt." Stimmt das? Bedeutet das Altern immer auch krank werden?

Bei oberflächlicher Betrachtung scheint es tatsächlich so zu sein, daß die Gefährdung, krank zu werden, mit zunehmendem Alter wächst. Dies führt zu der allgemein verbreiteten Ansicht, daß man mit fortschreitendem Alter zunehmend mehr Krankheiten zu erwarten hat. In der wissenschaftlichen Medizin hat es dazu geführt, daß man dort von sogenannten Alterskrankheiten spricht. Dies festigt die weit verbreitete Ansicht, daß man im Alter der wachsenden Gefahr ausgesetzt ist, krank zu werden.

Bei gründlicherer Betrachtung zeigt sich aber, daß die Ursache der Erkrankung nicht im Alter liegt, sondern in den Fehlern der Lebensführung. Je älter der Mensch wird, um so länger bestand auch die Möglichkeit, Fehler zu machen. Dies zeigt sich besonders auf dem Gebiet der Ernährung. Ist er ein Freund von Süßigkeiten, so wird er im Alter von fünfzig Jahren doppelt so viel Fabrikzucker verzehrt haben als mit fünfundzwanzig Jahren. Jedes Kind weiß schon, daß der Fabrikzucker Löcher in die Zähne frißt. Von Jahrzehnt zu Jahrzehnt wer-

142

den also mehr Zähne betroffen sein, so daß viele Menschen bereits im Alter von fünfzig Jahren Zahnprothesen tragen müssen. Dies hängt aber nicht mit dem Alter zusammen.

Verzehrt ein Mensch pro Tag 60 g Fabrikzucker in Form von Süßigkeiten und süßen Lebensmitteln, so hat er in einem Jahr 21,9 kg gegessen. In zehn Jahren hat er sich bei gleichbleibender Menge 219 kg einverleibt, in vierzig Jahren 876 kg. Dieses ganz einfache Rechenbeispiel zeigt, daß die durch den Fabrikzucker verursachten Krankheiten mit zunehmendem Alter natürlich immer häufiger und schlimmer werden, aber nicht, weil der Mensch alt wird, sonden weil er mengenmäßig mehr von den gesundheitsschädigenden Fabriknahrungsmitteln zu sich genommen hat.

Dasselbe gilt natürlich für alle Gewohnheiten, die der Gesundheit abträglich sind, ob dies nun der Verzehr von Fabrikzucker, Auszugsmehlen oder Fabrikfetten ist oder die Verwendung von Drogen, wie Bohnenkaffee, schwarzer Tee, Alkohol, Nikotin oder anderen Genußmitteln. Die Folgen hat der Mensch nach jahrelangem Mißbrauch unweigerlich zu tragen.

Wie steht es mit den Krankheiten der Bewegungsorgane, etwa mit Arthrose, Arthritis, Rheuma, Bandscheibenschäden, Ischias?

Es handelt sich dabei ausnahmslos um ernährungsbedingte Zivilisationskrankheiten, bei denen der Verzehr von tierischem Eiweiß eine ausschlaggebende Rolle spielt. Dazu kommt der Ver-

143

zehr von minderwertigen Fabrikzuckerarten, Auszugsmehlen und Produkten daraus.

Braucht der Mensch nicht Fleisch? Fleisch ist doch ein Stück Lebenskraft.

Ja, das sagt die Werbung. In Maßen genossen hat der Verzehr von Fleisch nicht krank gemacht. Aber verglichen mit unseren Vorfahren, die vor hundert Jahren lebten, verzehren wir heute das Neunfache an tierischem Eiweiß. Die Folgen dieser Eiweißmast sind Stoffwechselstörungen. Jeder an dieser Krankheit Leidende kann an sich selbst beweisen, daß die strikte Vermeidung von tierischem Eiweiß Linderung seiner Beschwerden bringt. Eine Heilung wird er nicht mehr erreichen. Aber ein Stillstand der Krankheit und geringere Beschwerden, ein Herabsetzen der üblichen Medikamente, die meistens nicht frei von Nebenwirkungen sind, wäre doch bereits ein großer Erfolg. Er müßte dann allerdings strikt meiden: Milch, Quark, Käse, Fleisch, Wurst, Fisch und Eier.

Und wovon soll er dann leben? Was bleibt noch übrig?

Diese Reaktion habe ich erwartet. Es bleibt sehr viel übrig. Dieser Ratschlag, das tierische Eiweiß zumindest einzuschränken, gilt ja auch für andere Menschen. Auch für die, die noch gesund sind. Man sollte sich auch aus ethischen Gründen mit der Frage des Fleischverzehrs auseinandersetzen. Es ist von der Schöpfung sicher nicht vorgesehen, daß der Mensch seine Mitgeschöpfe tötet, sie ausbeutet, um selbst leben zu können. Es ist unumstößliche Gewißheit, daß er ohne tierisches Eiweiß leben – sogar besser leben – kann, vorausgesetzt, daß er vitalstofffreie Vollwertkost zu sich nimmt. Möchte er nur dem „Puddingvegetarismus" frönen, also Fabrikzucker und Auszugsmehle beibehalten, dann sollte er die Nahrung durch das bloße Weglassen von tierischem Eiweiß nicht noch minderwertiger machen, als sie ohnehin schon ist.

Man liest doch aber immer wieder, daß nur das tierische Eiweiß alle Aminosäuren enthält.

Ja, auch das sagt die Werbung. Alle Pflanzen enthalten alle Aminosäuren, die einen weniger, die anderen mehr. Das kann von jedem exakt arbeitenden Chemiker nachgewiesen werden. Wenn jemand seine Nahrung vielseitig und vollwertig gestaltet, gibt es keinen Mangel.

Ärzte und Presse warnen den älteren Menschen, besonders Frauen bereits ab vierzig Jahren, vor der Osteoporose. Ist die Knochenkrankheit, das Brüchigwerden unseres Skeletts, ein unabwendbares Schicksal? Müssen wir dagegen Calcium als zusätzliche Medizin einnehmen oder, wie es die Deutsche Gesellschaft für Ernährung (DGE) propagiert, täglich „calciumreiche Milch" trinken?

Natürlich ist Osteoporose kein Schicksal. Stimmt die Diagnose – oft genug werden Fehldiagnosen gestellt –, kann ich nur das bereits Gesagte wiederholen. Osteoporose gehört auch zu den oben genannten Erkrankungen des Bewegungsapparates und ist ernährungsbedingt. Daß die angeblich calciumreiche Milch vorbeugend wirken soll, ist Unfug und eine Werbung der milchverarbeitenden Industrie. Bedingt durch die einseitige Milchviehwirtschaft weiß sie nicht, wo sie die Milchüberproduktion unterbringen soll. Die Milch ist nicht besonders calciumreich. In zahlreichen Gemüsen und Pflanzen ist genausoviel oder oft sogar mehr Calcium enthalten als in der Milch.

Seit Jahrzehnten steigt der Milchverzehr in der Bundesrepublik. Demnach wäre ja der Calciumbedarf mehr als gedeckt. Trotzdem soll die Osteoporose durch Calciummangel entstanden sein. Ein Widerspruch in sich. Die Osteoporose hat also nichts mit Calciummangel zu tun, sondern mit einer Calciumverwertungsstörung, die durch den chronischen Vitalstoffmangel der Zivilisationskost zustandekommt. So wie beim Kleinkind zum Beispiel durch Vitamin-D-Mangel eine Rachitis entsteht, so entsteht beim älteren Menschen als Parallele die Osteoporose. Man könnte die Osteoporose auch als Spätrachitis des Erwachsenen bezeichnen.

Muß der alte Mensch, wie immer gefordert wird, täglich viel trinken?

Nein, auch er sollte nur trinken, wenn er Durst hat. Die Empfehlung, viel zu trinken, wird nicht nur in der Werbung von seiten der Getränkeindustrie vorgetragen, sondern auch von vielen meiner Kollegen, den Urologen. Man sitzt hier dem Irrglauben auf, daß das viele Trinken zum Beispiel die Bildung von Nierensteinen verhindern könne. Das

Gegenteil ist richtig. Dadurch werden wichtige Schutzkolloide verdünnt und ausgeschieden und die Bildung von Nierensteinen geradezu gefördert. Nierensteine entstehen auf Grund eines Vitalstoffmangels in der üblichen zivilisatorischen Kost.

Wenn empfohlen wird, täglich mindestens ein bis zwei Liter Flüssigkeit zu trinken, ist dies falsch. Der Mensch benötigt diese Flüssigkeit tatsächlich, aber sie ist in der Nahrung bereits vorhanden, die ja zu 80 Prozent aus Flüssigkeit besteht. Jedes Trinken, das über den Durst hinausgeht, belastet Herz, Kreislauf und Nieren unnötig.

Braucht der ältere Mensch zusätzliche Vitaminbeigaben in Form von Tabletten?

Der Vitaminrummel ist das größte Geschäft mit der Gesundheit. Vitamine sind in allen Lebensmitteln – also unerhitztem Obst und Gemüse – ausreichend vorhanden. Zusätzlich werden zahlreiche fabrikatorisch hergestellte Nahrungsmittel vitaminisiert. Die Herstellerfirmen werben dafür mit Gesundheit und Wohlbefinden. Sie verschweigen, daß eine Überdosierung von synthetisch hergestellten Vitaminen auch zu Krankheiten führen kann.

Bis heute gibt es keine wissenschaftliche Methode, um den gesamten Vitaminbedarf des Menschen exakt festzustellen. Tatsache ist jedoch, daß bei einer vitalstoffreichen Vollwertkost, die für den noch Gesunden mindestens ein Drittel Frischkost enthalten sollte, die ausreichende Vitaminzufuhr gesichert ist.

Die Krankheiten, die im Alter auftreten, werden oft als „Verschleißkrankheiten" angesprochen...

Auch dabei handelt es sich um eine falsche Bezeichnung bzw. um ein Mißverständnis. Es gibt keine Verschleißkrankheiten, wenn man darunter Abnutzung durch Gebrauch versteht. Dadurch, daß ein Mensch häufig ins Konzert geht, entsteht keine Abnutzung des Gehörs. Dadurch, daß er oft spazierengeht, werden die Füße nicht abgenutzt. Durch Gebrauch der Organe werden diese nicht abgenutzt, so daß der Begriff an sich schon falsch ist. Bereits bei Kindern und Jugendlichen wird die Fehldiagnose „Verschleiß" gestellt. Da stimmt doch etwas nicht! Es handelt sich immer um die bereits erwähnten Erkrankungen im Bewegungsapparat, deren Ursache in der Fehlernährung zu suchen ist.

Die Hormonproduktion des alternden Menschen nimmt ab. Muß er deshalb, wie Internisten und Frauenärzte empfehlen, zusätzlich Hormone einnehmen?

Dann hätte die Schöpfung einen großen Fehler gemacht. Wäre es denn sinnvoll, wenn eine Frau mit 60, 70 oder 80 Jahren noch Kinder bekäme? Die Hersteller der Hormonpräparate stellen die Wechseljahre und damit verbundene Beschwerden, wie Hitzewallungen, Unwohlsein usw., als etwas Unausweichliches, Schicksalhaftes dar. Es stimmt einfach nicht, daß Wechseljahre mit Beschwerden einhergehen müssen. Da muß man sich doch ansehen, wie der betreffende Mensch vierzig oder fünfzig Jahre gelebt hat, was diese Lebensweise nun für Folgen hat. Die auftretenden Beschwerden sind dann individuell zu behandeln.

Hormone bringen die vergangene Jugend nicht zurück. Sie sollten, wenn überhaupt, nur unter strenger ärztlicher Kontrolle genommen werden, wenn andere Behandlungsmöglichkeiten nicht zum gewünschten Erfolg führen. Die Nebenwirkungen sind hinreichend bekannt. Denken Sie nur an die euphorisch verordnete Pilleneinnahme für bereits junge Mädchen von 12, 13, 14 Jahren. Wird sie über längere Zeit eingenommen, klagen viele Frauen später darüber, daß sie nicht mehr schwanger werden. Ob sich die Eierstöcke von der Bombardierung mit den künstlichen Hormonen jemals erholen, ist fraglich.

Den meisten Frauen ist überhaupt nicht bewußt, daß die physiologische Tätigkeit der Eierstöcke unterdrückt wird. Dies ist ein unverantwortlicher Eingriff in den Schöpfungsplan. Diese Folge könnte als tragisch, aber gesundheitlich harmlos angesehen werden, wenn es die einzige wäre. Das Bundesgesundheitsamt hat 1993 den Ärzten (nicht den Verbraucherinnen!) die Risiken der Pille bekanntgegeben: „…Ergebnisse deuten darauf hin, daß das Auftreten von Brustkrebs bei Frauen bis zum mittleren Alter häufiger mit lang dauernder und bereits frühzeitig begonnener Einnahme hormoneller Kontrazeptiva zur Empfängnisverhütung verbunden ist." Auch die Düsseldorfer Hormonstudie namhafter Universitätsmediziner im Juni 1995 warnt entschieden davor, Frauen langfristig mit Hormonen zu therapieren und damit u. a. erhöhter Krebsgefahr auszusetzen!

Herzinfarkt, Schlaganfall, Lungenembolien, Thrombosen, Bluthochdruck, Krampfadern, Störungen der Blutgerinnung und Fettstoffwechselstörungen werden bereits vom Bundesgesundheitsamt 1993 als Folge der Pille erwähnt. Die „Sachverständigen" des inzwischen aufgelösten Amtes raten, die Schwere des bekannten Risikos „über die Packungsbeilage der Patientin nahezubringen"!

Ein Sprichwort besagt: „Wenn du sehr alt werden willst, mußt du beizeiten anfangen." Du wirst in diesem Jahr, 1995, 86 Jahre alt. Du arbeitest noch voller Freude und Prägnanz. Du freust dich am Leben. Du lachst gerne. Du bist ernsthaft und manchmal voller Unfug. Mit 83 Jahren hast du das „Dr. Max Otto Bruker Haus" gebaut. Du hältst noch Vorträge vor bis zu tausend Menschen. Wie hast du es geschafft, so alt zu werden?

Ganz einfach, ich habe nicht aufgehört zu leben! Aber ganz ernst: Ich lebe nach Bruker! Das heißt, daß ich das beachte, was ich anderen empfehle. Bringt euer Leben in Ordnung! Eine sinnvolle Ernährung gehört dazu, also nicht fanatische Empfehlungen, sondern logisch nachvollziehbare. Die vitalstoffreiche Vollwertkost, die ich empfehle, bietet uns die Natur an.

Ich darf Goethe zitieren: „Die Natur versteht keinen Spaß, sie ist immer wahr, immer ernst, immer strenge, sie hat immer recht, und die Fehler und Irrtümer sind immer des Menschen." Auf keinem Gebiet wird dies so deutlich wie bei der Ernährung. Da versteht die Natur keinen Spaß. Wer über lange Zeit von erhitzten Lebensmitteln (also nur noch Nahrungsmitteln), Konserven, Präparaten und Imitaten lebt, handelt sich durch den damit verbundenen Vitalstoffmangel ernährungsbedingte Krankheiten ein.

Ich persönlich esse keine Auszugsmehle, keinen Fabrikzucker, keine Fabrikfette. Ich lasse keine Tiere für mich töten, um Wurst und Fleisch zu essen. Ich rauche nicht, trinke nur sehr, sehr selten Alkohol, ich trinke keinen Bohnenkaffee, keinen schwarzen Tee und übe mich – je länger je lieber – in Gelassenheit. Letzter Punkt ist wichtig, denn es gibt mindestens genausoviel lebensbedingte Krankheiten.

Gibt es geistige Voraussetzungen für ein erfülltes Alter? Was ist Dein privates Vermächtnis?

Das ist ganz einfach. Lebt nach den Schöpfungsgesetzen! Wer begriffen hat, wie einfach „Die Ordnung unserer Nahrung" gemeint ist, hat auch eine andere Einstellung zum Leben und Sterben. Er bekommt ein anderes Weltbild. Er anerkennt auch den Nächsten mit all seinen persönlichen Eigenarten.

Ich konnte und kann nicht hinnehmen, daß uns Atomkraftwerke als Fortschritt verkauft werden. Die gesundheitlichen Risiken sind ja heute überall spürbar, der Krebs nimmt weltweit erschreckend zu. Es ist für mich als Arzt unverantwortlich, dagegen nichts zu unternehmen.

Genauso unvereinbar ist es für mich, daß der größte Teil der Ärzte sich stillschweigend mit einer symptomatischen Linderungsbehandlung zufrieden gibt. Wieviel Leid bliebe einzelnen und Familien erspart, würde über die wahren Ursachen der Krankheiten rechtzeitig aufgeklärt.

Wie denkst Du über das Sterben? Macht es Dir Angst? Schaust Du dem Tod ins Auge?

Das Sterben beginnt mit der Geburt. Den Menschen früherer Generationen war stärker bewußt, daß wir „endlich" sind. Obwohl in unserer schnelllebigen Zeit mit einem unvorhersehbaren Tod, zum Beispiel durch Unfall, viel eher gerechnet werden muß als früher, verdrängen wir. Der alte Mensch wird ausgesiedelt. Sehen Sie sich doch die scheußlichen Altenghettos an, die teilweise fünfzehnstöckig außerhalb der Städte völlig isoliert gebaut wurden und werden. Der Sterbende nimmt immer seltener in seiner vertrauten Umgebung Abschied, sondern er stirbt in Krankenhäusern. Oft allein gelassen, abgeschoben. Alt werden und Sterben macht offensichtlich Angst.

Der Dichter Friedrich Rückert sagte einmal: „Wer nicht gewacht hat, kann nicht schlafen, wer nicht gelebt hat, kann nicht sterben." Nein, ich habe keine Angst vor dem Tod. Mit jedem Jahr, das ich gesund älter werde, verringert sich die Möglichkeit des Krankseins, der Bettlägerigkeit, der Pflege, so daß meinem Sterben wohl kein langes Siechtum vorausgehen wird.

Ich habe mich außerdem ein Leben lang darum

bemüht, Menschen, die in Not sind, zu helfen. Ich persönlich glaube nicht, daß mit dem Tod alles vorbei ist. Die Natur, alles Lebendige, ist der Beweis eines schöpferischen, ordnenden Prinzips.

Der Lauf der Gestirne, der Planeten unterliegt diesem ordnenden Prinzip, sonst herrschte Chaos. Man kann dies als Geist oder Gott bezeichnen. Der Mensch hat, wie alles Sein auf dieser Erde, mit seiner Seele individuellen Anteil an diesem allumfassenden Geist. Gott ist im Menschen, und der Mensch ist in Gott. Auch nach dem Tod bleiben Seele und Geist vereint.

Ich denke, wir sollten uns diesen Todes-Begegnungen stellen, den sterbenden Menschen begleiten, ihn an die Hand nehmen, uns mit „Gevatter Tod" vertraut machen. Wo immer sich die Möglichkeit dieser Zuwendung in Ehrfurcht und Demut bietet, sollte sie angenommen werden. Dann verlöre der Tod auch seinen Schrecken.

Ich habe das Leben immer als große Aufgabe gesehen, die ich zu erfüllen habe. Damit habe ich auch die ärztliche Pflicht erfüllt, den Kranken ein Vorbild zu sein.

Den Arzt, der jede Pflanze nennt,
Die Wurzeln bis ins Tiefste kennt,
Dem Kranken Heil,
dem Wunden Lindrung schafft,
Umarm ich hier in Geist- und Körperkraft.

Goethe, Faust II

Des Kaisers neue Kleider oder Sein und Schein

> *Irgendwo sind wir vom Weg abge-*
> *kommen. Der menschliche Ameisen-*
> *haufen ist reicher als je zuvor. Wir*
> *verfügen über mehr Wohlstand und*
> *mehr Freizeit und doch mangelt es an*
> *etwas Entscheidendem ... Wir fühlen*
> *uns weniger menschlich, irgendwo*
> *haben wir unsere geheimnisvollen*
> *Vorrechte verloren.*
>
> *Saint-Exupéry*

In der zweiten Lebenshälfte steht unsere ganze Lebensform zur Diskussion. „Die Menschen", sagte der Mystiker Meister Eckhart, „sollen nicht soviel nachdenken, was sie tun sollen, sie sollen vielmehr bedenken, was sie sind." Während uns in der ersten Lebenshälfte die Jagd nach dem Schein, nach der äußeren Betätigung und Rolle im Leben gefangenhält, könnte und sollte der zweite große Lebensabschnitt die Besinnung auf das wahre, stimmige Sein zum Ziel haben.

Der Psychoanalytiker Erich Fromm machte die Existenzweise des Habens für die Übel der gegenwärtigen Zivilisation haftbar, die des Seins aber für die Möglichkeiten eines erfüllten, nicht fremdbestimmten Lebens. Wir Menschen der steinreichen Industriegesellschaften, so kritisierte der Psychologe und Philosoph, sind vom Modus des Habens und Habenwollens bestimmt. Die Eitelkeit der Selbstdarstellung löscht unsere Individualität aus, macht uns zu den süchtigen und uniformen Parteigängern der Konsumgesellschaft.

Doch lassen wir, bevor wir über die Gefahren nihilistischer Betriebsamkeit und die Illusionen eines von Werbung manipulierten Lebens nachdenken, das klassische Märchen des Jahrmarkts der Eitelkeiten an unserem Auge vorbeiziehen, Hans Christian Andersens Kunstmärchen „Des Kaisers neue Kleider".

Vor vielen Jahren lebte ein Kaiser, der so ungeheuer viel auf hübsche Kleider hielt, daß er all sein Geld dafür ausgab, um recht geputzt zu sein. Er kümmerte sich nicht um seine Soldaten, kümmerte sich nicht um das Theater und liebte es nicht, in den Wald zu fahren, außer um seine neuen Kleider zu zeigen. Er hatte einen Rock für jede Stunde des Tages, und wie man sonst von einem König sagt, er ist im Rate, sagte man hier immer: „Der Kaiser ist in der Kleiderkammer."

In der großen Stadt, in der er wohnte, ging es sehr munter zu. Jeden Tag kamen viele Fremde, eines Tages kamen auch zwei Betrüger. Sie gaben sich für Weber aus und sagten, daß sie das schönste Zeug, das man sich denken könne, zu weben verstünden. Nicht allein Farben und Muster wären ungewöhnlich schön, sondern die Kleider, die von dem Zeuge genäht würden, besäßen auch die wunderbare Eigenschaft, daß sie für jeden Menschen unsichtbar wären, der nicht für sein Amt tauge oder unverzeihlich dumm sei.

„Das wären ja prächtige Kleider", dachte der Kaiser.

„*Wenn ich die anhätte, könnte ich ja dahinter kommen, welche Männer in meinem Reiche zu dem Amte, das sie haben, nicht taugen; ich könnte die Klugen von den Dummen unterscheiden!*" *Und er gab den beiden Betrügern viel Handgeld, damit sie ihre Arbeit beginnen möchten.*

Sie stellten auch zwei Webstühle auf und taten, als ob sie arbeiteten; aber sie hatten nicht das geringste auf dem Stuhle. Frischweg verlangten sie die feinste Seide und das prächtigste Gold, das steckten sie in ihre eigene Tasche und arbeiteten an den leeren Stühlen bis spät in die Nacht hinein.

„*Nun möchte ich doch wohl wissen, wie weit sie mit dem Zeuge sind!*" *dachte der Kaiser. Aber es war ihm ordentlich beklommen zumute bei dem Gedanken, daß derjenige, der dumm war oder schlecht zu seinem Amte paßte, es nicht sehen könne. Nun glaubte er zwar, daß er für sich selbst nichts zu fürchten brauche, aber er wollte doch erst einen anderen schicken, um zu sehen, wie es damit stände. Alle Menschen in der ganzen Stadt wußten, welche wunderbare Kraft das Zeug habe, und alle waren begierig zu sehen, wie schlecht oder dumm ihr Nachbar sei.*

„*Ich will meinen alten ehrlichen Minister zu den Webern senden!*" *dachte der Kaiser. „Er kann am besten sehen, wie das Zeug sich ausnimmt, denn er hat Verstand, und keiner versieht sein Amt besser als er!*" – *Nun ging der gute alte Minister in den Saal hinein, wo die zwei Betrüger saßen und an den leeren Webstühlen arbeiteten. „Gott behüte uns!*" *dachte der alte Minister und riß die Augen auf: „Ich kann ja nichts erblicken!*" *Aber das sagte er nicht.*

Beide Betrüger baten ihn, gefälligst näher zu treten, und fragten, ob es nicht ein hübsches Muster und schöne Farben seien. Dabei zeigten sie auf den leeren Web-

stuhl, und der arme Minister fuhr fort, die Augen aufzureißen; aber er konnte nichts sehen, denn es war nichts da.

„Herrgott!" dachte er, „sollte ich dumm sein? Das habe ich nie geglaubt, und das darf kein Mensch wissen! Sollte ich nicht zu meinem Amte taugen? Nein, es geht nicht an, daß ich erzähle, ich könnte das Zeug nicht sehen!"

„Nun, Sie sagen nichts dazu?" fragte der eine, der da webte.

„Oh, es ist hübsch! Ganz allerliebst!" antwortete der alte Minister und sah durch seine Brille. „Dieses alte Muster und diese Farben! Ja, ich werde dem Kaiser sagen, daß es mir sehr gefällt."

„Nun, das freut uns!" sagten beide Weber, und darauf nannten sie die Farben mit Namen und erklärten das seltsame Muster. Der alte Minister paßte gut auf, damit er dasselbe sagen könnte, wenn er zum Kaiser zurückkäme, und das tat er. Nun verlangten die beiden Betrüger mehr Geld, mehr Seide und mehr Gold, das sie zum Weben brauchen wollten. Sie steckten alles in ihre eigenen Taschen, auf den Webstuhl kam kein Faden, aber sie fuhren fort, wie bisher an dem leeren Webstuhl zu arbeiten.

Der Kaiser sandte bald wieder einen anderen ehrlichen Staatsmann hin, um zu sehen, wie es mit dem Weben stände und ob das Zeug bald fertig sei. Es ging ihm ebenso wie dem Minister; er schaute und schaute, weil aber außer dem leeren Webstuhle nichts da war, konnte er nichts erblicken.

„Ist das nicht ein hübsches Stück Zeug?" fragten die beiden Betrüger und zeigten und erklärten das prächtige Muster, das gar nicht da war.

„Dumm bin ich nicht!" dachte der Mann. „Ist es also mein gutes Amt, zu dem ich nicht tauge? Das wäre

157

lächerlich, aber man darf es sich nicht merken lassen!",
und so lobte er das Zeug, das er nicht sah, und versicherte ihnen seine Freude über die schönen Farben und
das herrliche Muster. „Ja, es ist ganz allerliebst!" sagte
er zum Kaiser.

Alle Menschen in der Stadt sprachen von dem prächtigen Zeuge.

Nun wollte der Kaiser es selbst sehen, während es
noch auf dem Webstuhle war. Mit einer ganzen Schar
auserwählter Männer, unter ihnen auch die beiden ehrlichen Staatsmänner, die schon früher dort gewesen
waren, ging er zu den beiden listigen Betrügern hin, die
nun aus Leibeskräften webten, aber ohne Faser oder
Faden.

„Ist das nicht prächtig?" sagten die beiden alten
Staatsmänner, die schon einmal dagewesen waren.
„Sehen Eure Majestät, welches Muster, welche Farben!"
Und dann zeigten sie auf den leeren Webstuhl, denn sie
glaubten, daß die andern das Zeug gewiß sehen könnten.

„Was!" dachte der Kaiser, „ich sehe gar nichts! Das ist
ja schrecklich! Bin ich dumm? Tauge ich nicht dazu,
Kaiser zu sein? Das wäre das Schrecklichste, was mir
begegnen könnte!" – „Oh, es ist sehr hübsch!" sagte er.
„Es hat meinen allerhöchsten Beifall!" Und er nickte
zufrieden und betrachtete den leeren Webstuhl, denn er
wollte nicht sagen, daß er nichts sehen könne. Das
ganze Gefolge, das er bei sich hatte, schaute und
schaute und bekam nicht mehr heraus als alle andern;
aber sie sagten wie der Kaiser: „Oh, das ist sehr
hübsch!" Und sie rieten ihm, diese neuen prächtigen
Kleider das erstemal bei der großen Prozession, die
bevorstand, zu tragen. „Herrlich, wundervoll, exzellent!" ging es von Mund zu Mund; man war allerseits
innig erfreut darüber, und der Kaiser verlieh den Betrü-

gern den Ritterorden, im Knopfloch zu tragen, und den Titel: Kaiserliche Hofweber.

Die ganze Nacht vor dem Morgen, an dem die Prozession stattfinden sollte, saßen die Betrüger auf und hatten über sechzehn Lichter angezündet. Die Leute konnten sehen, daß sie stark beschäftigt waren, des Kaisers neue Kleider fertig zu machen. Sie taten, als ob sie das Zeug aus dem Webstuhl nähmen, sie schnitten mit großen Scheren in die Luft, sie nähten mit Nähnadeln ohne Faden und sagten zuletzt: „Nun sind die Kleider fertig!"

Der Kaiser kam mit seinen vornehmsten Kavalieren selbst dahin, und beide Betrüger hoben einen Arm in die Höhe, gerade als ob sie etwas hielten, und sagten: „Seht, hier sind die Beinkleider. Hier ist der Rock! Hier der Mantel!" und so weiter. „Es ist so leicht wie Spinnwebe, man sollte glauben, man habe nichts auf dem Leibe; aber das ist gerade der Vorzug dabei!"

„Ja!" sagten alle Kavaliere; aber sie konnten nichts sehen, denn es war nichts da.

„Belieben Eure Kaiserliche Majestät jetzt ihre Kleider allergnädigst auszuziehen", sagten die Betrüger, „so wollen wir Ihnen die neuen anziehen, hier vor dem großen Spiegel."

Der Kaiser legte alle seine Kleider ab, und die Betrüger taten so, als ob sie ihm jedes Stück der neuen Kleider anzögen. Sie faßten ihm um den Leib und taten, als bänden sie etwas fest, das war die Schleppe; der Kaiser drehte und wendete sich vor dem Spiegel.

„Ei, wie gut das kleidet! Wie herrlich das sitzt!" sagten alle. „Welches Muster, welche Farben! Das ist eine kostbare Tracht!" –

„Draußen stehen sie mit dem Thronhimmel, der über Eurer Majestät in der Prozession getragen werden soll", meldete der Oberzeremonienmeister.

„Ja, ich bin fertig!" sagte der Kaiser. „Sitzt es nicht gut?" Und dann wandte er sich nochmals vor dem Spiegel, denn es sollte scheinen, als ob er seinen Schmuck recht betrachte.

Die Kammerherren, die die Schleppe tragen sollten, griffen mit den Händen nach dem Fußboden, gerade als ob sie die Schleppe aufhöben; sie wagten es nicht, es sich merken zu lassen, daß sie nichts sehen konnten.

So ging der Kaiser in der Prozession unter dem prächtigen Thronhimmel, und alle Menschen auf der Straße und in den Fenstern riefen: „Gott, wie sind des Kaisers neue Kleider unvergleichlich; welche herrliche Schleppe hat er am Rocke, wie schön das sitzt!" Keiner wollte es sich merken lassen, daß er nichts sah, denn dann hätte er ja nicht zu seinem Amte getaugt oder wäre sehr dumm gewesen. Keine Kleider des Kaisers hatten solches Glück gemacht wie diese.

„Aber er hat ja gar nichts an!" sagte endlich ein kleines Kind. „Herrgott, hört die Stimme der Unschuld!" sagte der Vater, und der eine flüsterte dem anderen zu, was das Kind gesagt hatte.

„Er hat nichts an, dort ist ein kleines Kind, das sagt, er hat nichts an!"

„Aber er hat ja nichts an!" rief zuletzt das ganze Volk. Das ergriff den Kaiser, denn es schien ihm, sie hätten recht, aber er dachte bei sich: „Nun muß ich die Prozession aushalten." Und so hielt er sich noch stolzer, und die Kammerherren gingen und trugen die Schleppe, die gar nicht da war.

Daß Hans Christian Andersen das berühmte Märchen zwar für Kinder geschrieben, aber für Erwachsene gedacht hat, das liegt auf der Hand.

„Ich greife eine Idee auf, die für Ältere gedacht ist", meinte er einmal, „und erzähle sie dann den Kleinen, während ich daran denke, daß Vater und Mutter oft zuhören, und ihnen muß man etwas für den Verstand geben."

Inmitten der spätabsolutistischen dänischen Monarchie schrieb der Dichter H. C. Andersen (1805–1875) seine denkwürdige Parabel. Er entnahm die Idee zu „Des Kaisers neue Kleider" einer Erzählsammlung des spanischen Autors Don Juan Manuel (1282–1349). Er fügte allerdings das verblüffende Finale mit dem Kind hinzu, das als einziges die Nacktheit des Souveräns enthüllt.

Wir spüren es beim Lesen sofort, dieses Märchen behandelt eine peinliche, von uns tabuisierte und meist verdrängte Seite unserer Persönlichkeit: Unsere Beeindruckbarkeit, unsere Lügen und Selbsttäuschungen aus Eitelkeit. Die Angst, unserem Beruf und der Umwelt nicht gewachsen zu sein. Unsere Minderwertigkeitskomplexe. Unsere maßlose Sehnsucht, gewürdigt und geliebt zu werden. Lutz Müller, Psychotherapeut und Lehranalytiker am C. G.-Jung-Institut Stuttgart, hat dazu eine vorzügliche Interpretation vorgelegt (Des Kaisers neue Kleider. Warum man nicht immer eine gute Figur machen muß, Kreuz-Verlag 1994).

Der Monarch im Märchen hat längst seine kaiserliche Fassung und Souveränität verloren. Er lebt nur noch seine Eitelkeit. Er tut alles, „um recht geputzt zu sein", um in den Augen der Untertanen – und er kennt Menschen nur als Untergebene – zu glänzen. Er kümmert sich nicht um seine Soldaten, das heißt, tiefenpsychologisch gesprochen, er vernachlässigt die Notwendigkeit seiner Selbstbehauptung, seiner männlichen-wehrhaften Seiten. Er kümmert sich nicht um das Theater, das heißt er verliert seine Geistigkeit und spirituelle Zentrierung. Er liebt es nicht, in den Wald zu fahren, das heißt er hat seine Verbundenheit mit der Natur und der Kreatürlichkeit verloren. Er ist eine künstliche Existenz geworden. Er ist Gefangener seiner Putzsucht. Wie ein Junkie an der Nadel hängt er an seiner Kleiderkammer. Von Frau, Kindern und Freunden ist keine Rede. Dieser beziehungslose Mann ist nur noch von Marionetten umgeben. Wenn es schon so mit dem Kaiser, dem Repräsentanten des ganzen Volkes, geht, wie mag es dann wohl den Menschen in seinem Lande gehen?

Der Kaiser ist süchtig, also krank. Victor von Weizsäcker, der Nestor der psychosomatischen Medizin, schätzte die Krankheit als „Können" ein. Die meisten Krankheiten seien sozusagen ein schöpferischer Akt, die Wahl der jeweiligen Symptomatik weise auf das verborgene Problem hin. Wenn ich als Neurodermitiker oder Psoriatiker unter einer kranken Haut leide, sollte ich mich nach meiner gestörten Kontaktfähigkeit gegenüber Menschen fragen. Wenn ich chronisch magenkrank bin, muß ich mich fragen, was ich seelisch in mich hineinfresse. Wenn ich eßsüchtig bin, muß ich klären, welche heilsame Nahrung ich eigentlich brauche. Wenn ich, wie der Kaiser, ständig auf der Jagd nach neuen „Klamotten" bin, dann sollte ich mich einmal der unbequemen Frage stellen, was

162

will und brauche ich eigentlich wirklich anstelle dieser Ersatzstoffe.

Gerade das krankhafte Konsumverhalten ist längst keine Randerscheinung unserer Gesellschaft mehr, es hat fast alle von uns erfaßt. Sei einmal ganz ehrlich zu dir: Wieviele Schuhe, Hosen, Hemden, Jacken oder Röcke füllen deine Kleiderschränke bis zum Platzen? Hörst du wirklich alle CDs, die du mit hamsterhafter Geschäftigkeit gehortet hast? Liest du all die Bücher noch, die sich in deiner Wohnung stapeln? Rund zwei Drittel aller Deutschen in West und Ost verfallen, wie der Hamburger Freizeitforscher Horst Opaschowski dokumentiert hat, regelmäßig einem Kaufrausch.

Der Kaiser, der längst nur noch die Larve eines Kaisers ist, hat seinen Lebensmittelpunkt verloren. Er lebt nur noch seiner Prunksucht. Er hat sich verrannt. Nichts Neues tut sich in seinem Leben mehr. Er weiß nicht um die ungelebten Potenzen seiner Persönlichkeit, um neue Wege, Herausforderungen, Entwicklungschancen. So treten wir oft in und nach der Lebensmitte betriebsam auf der Stelle. Just in dem Moment, wo sich unsere äußere Lage stabilisiert und sich der Wohlstand eingestellt hat, wo wir ein neues, aufregendes Leben riskieren könnten, verharren wir im Alltag, im Trott, in der Ängstlichkeit vor dem Risiko.

Über die Kleider wird der Kaiser kein neues Selbst gewinnen. Mit Statussymbolen wie Haus, Renommierauto, exponierter beruflicher Position bleiben wir im Rollenspiel gefangen. Wir verfehlen unsere innere Wahrheit. Wie der Kaiser im Mär-

163

chen ersticken wir förmlich in den Kleidern, dem äußeren Schein. Wir polieren unsere Schauspielerrolle gegenüber anderen Menschen. Unsere Nacktheit, Wärme, Verletzlichkeit und ursprüngliche Schönheit verbergen wir hierbei. Wir werden zu „Stars". Wir erstarren.

Obwohl wir nach außen mit unserem „postmodernen Outfit" immer „gut drauf" sind und dem Jugendlichkeitskult der Werbung entsprechen, sind wir in diesem Maskenspiel innerlich tot. C. G. Jung hat dies scharf formuliert: „Es ist tödlich für die Seele, unbewußt zu werden. Menschen sterben, bevor der Tod des Körpers eintritt, weil der Tod in der Seele hockt. Sie sind maskenhafte Blutegel, die wie Gespenster umhergehen, tot, aber immer noch saugend. Es ist eine Art von Tod ... Man kann sich von seinen Problemen entfernen, man braucht nur lang genug von ihnen wegzuschauen. Man kann ihnen entrinnen, aber es ist der Tod der Seele ... Schauen Sie sich bloß in einer Hotelhalle um – dort werden Sie Gesichter mit Masken sehen. Diese toten Seelen sind oft ständig auf Achse, um Problemen zu entfliehen; sie sehen gejagt aus und sind eine einzige Maske von Angst" (Traumanalyse).

Unser Kaiser ist ein ganz moderner Zeitgenosse. „Consumo ergo sum", ich konsumiere, also bin ich, so lautet sein Glaubensbekenntnis. Hier qualmt uns der Höllengeruch der paradiesischen Konsumgesellschaft entgegen. Definieren wir nicht längst den Fortschritt als exponentielles Wachstum der Konsumgüter? Fernsehapparate mit noch

164

größeren Bildschirmen, noch schnellere Autos, noch mehr Reisen, noch mehr kulinarische Genüsse, noch phantastischere Technik... Bei aller Freude über den hohen Lebensstandard von heute, die wir Nachkriegsgeneration haben dürfen, stehen wir dabei nicht in der Gefahr einer neuen Barbarei, der hirnlosen Gesellschaft des „Homo consumens", des wie ein Dieb die Erde plündernden Menschen?

Erstmalig in der Geschichte verfügen ganze Kulturen über den Luxus als gesellschaftlichen Dauerzustand. Während die Weltreligionen dieses Schlaraffenland in einen Garten Eden zurückverlegten und in ein himmlisches Paradies nach vorne projizierten, haben die reichen Industriegesellschaften dieses Prinzip Hoffnung der Religionen, was die materielle Seite angeht, nahezu verwirklicht. Und doch fühlen wir uns inmitten des Überflusses getrieben und unbehaglich.

Erich Fromm beschreibt in seinem Grundsatzwerk „Haben oder Sein" (1979) diesen epochalen Vorgang: „Wir waren im Begriff, Götter zu werden, mächtige Wesen, die eine zweite Welt erschaffen konnten, wobei uns die Natur nur die Bausteine für unsere neue Schöpfung zu liefern brauchte. Unser Eroberungsdrang und unsere Feindseligkeit haben uns blind gemacht für die Tatsache, daß die Naturschätze begrenzt sind und eines Tages zur Neige gehen können und sich die Natur gegen die Raubgier der Menschen zur Wehr setzen wird." Wir verachten die Natur, wie alles, was nicht von Maschinen hergestellt worden ist.

Deswegen überlassen wir Männer die Hege und Pflege von Kindern und alten Menschen auch den „Weibern", weil es in unseren Augen weibisch und minderwertig ist. Die Haben-Orientierung ist nach Fromm charakteristisch für den Menschen der Industriegesellschaft, in welcher die Jagd nach Geld, Ruhm und Macht das Zentrum des Lebens ausmacht. Wir müssen uns, sagt Fromm, entscheiden, ob wir die Existenzweise des Habens oder die Existenzweise des Seins wählen. Was heißt das?

Fromm wörtlich: „In der Existenzweise des Habens ist die Beziehung zur Welt die des Besitzergreifens und Besitzens, eine Beziehung, in der ich alles zu meinem Besitz machen will. Bei der Existenzweise des Seins müssen wir zwei Formen des Seins unterscheiden. Die eine ist das Gegenteil von Haben ... Sie bedeutet Lebendigkeit und authentische Bezogenheit zur Welt. Die andere Form des Seins ist das Gegenteil von Schein und meint die wahre Natur, die wahre Wirklichkeit im Gegensatz zu trügerischem Schein."

Der „Habenmensch" ist ein Raffzahn, besessen von dem Gedanken der Sicherheit. Er verläßt sich nur darauf, was er besitzt. Er hat keine lebendige Beziehung zwischen sich selbst und dem, was er hat. Er wird von den materiellen Dingen besessen. Sein Stoffwechsel zur Welt ist mausetot. Fromm: „In der Existenzweise des Habens findet der Mensch sein Glück in der Überlegenheit gegenüber anderen, in seinem Machtbewußtsein und in letzter Konsequenz in seiner Fähigkeit, zu erobern, zu rauben und zu töten." Wird der Habenmensch

166

krank, so denkt er nicht über sein krankes Sein nach, sondern reagiert materialistisch als Besitzer: Herzunregelmäßigkeiten – her mit dem Schrittmacher! Niere krank – her mit der Ersatzniere! Luft nehmendes Asthma – her mit dem Cortison! Wer sich von morgens bis abends um das Haben Sorge macht, wie der Kaiser im Märchen, muß sich vor jeder Veränderung fürchten, vor der Entwicklung, der Freiheit, dem Neuen. Dagegen heißt es bei Lukas: „Welchen Nutzen hätte der Mensch, ob er die ganze Welt gewönne und verlöre sich selbst oder nähme Schaden an sich selbst?"

Was der Kaiser nötig hätte und was für uns das Heilende darstellt, ist, ein „Seinsmensch" zu werden. Der Seinsmensch vertraut, wie Fromm so schön formuliert, „daß er ist, daß er lebendig ist und daß etwas Neues entstehen wird, wenn er nur den Mut hat, loszulassen und zu antworten". Der Seinsmensch liebt, er ist voller Freude an seinen geistigen und materiellen Potenzen, seinen produktiven Fähigkeiten, seinem liebenden Einssein mit der Welt. Er ist mit vielen Menschen verbunden, er lebt die Freiheit, die offene Zukunft, die Überraschung. Er besitzt die Fähigkeit, wo immer er ist, ganz gegenwärtig zu sein, die Freude aus dem Geben und Teilen zu schöpfen, nicht aus dem Horten und der Ausbeutung anderer. Er lebt die Liebe und Ehrfurcht vor dem Leben. Er ist, worauf Fromm besonders hinweist, fähig, „ein Leben ohne Verehrung von Idolen und ohne Illusionen zu führen, weil eine Entwicklungsstufe erreicht ist, auf der der Mensch keiner Illusionen mehr bedarf".

167

Und er ist imstande, „den eigenen Narzißmus zu überwinden und die tragische Begrenztheit der menschlichen Existenz zu akzeptieren". Er vermag „sich eins zu fühlen mit allem Lebendigen und daher das Ziel aufzugeben, die Natur zu erobern, zu unterwerfen, auszubeuten, zu vergewaltigen und zu zerstören und stattdessen zu versuchen, sie zu verstehen und mit ihr zu kooperieren". In diesem Prozeß stetig wachsender Lebendigkeit realisiert der Seinsmensch Glück.

Der Seinsmensch verfügt damit über sich und die Welt als ein Eigentum besonderer Art. Goethe hat dies in seinem kleinen sechszeiligen Gedicht „Eigentum" ausgedrückt:

> *Ich weiß, daß mir nichts angehört*
> *Als der Gedanke, der ungestört*
> *Aus meiner Seele will fließen*
> *Und jeder günstige Augenblick*
> *Den sich ein liebendes Geschick*
> *Von Grund aus läßt genießen.*

Kehren wir zu unserem armen Kaiser zurück, der knapp vor der Katastrophe eines Seeleninfarkts steht. Die beiden Betrüger tauchen auf. Sie versprechen ihm ein phantastisches neues Selbst. Das müßte der Kaiser natürlich in sich selbst finden. Aber er lebt Tag für Tag diesen Betrug. Die Betrüger repräsentieren sozusagen lediglich seine eigenen betrügerischen Strebungen, seine hysterischen Inszenierungen, mit denen er seinen Untertanen imponiert und ihnen heimlich das Geld aus der Tasche zieht. Wir ahnen schon, dieser Kaiser – und steht er nicht für uns? – braucht den massivsten Leidensdruck, um aus dem betrügerischen Traum seiner Selbsttäuschungen aufzuwachen und seinen Schatten der Eitelkeit und Selbstentfremdung endlich wahrzunehmen.

Aber wer sieht schon gern seiner „nackten Wahrheit" in die Augen! Erst wenn die betrügerischen Weber ihr Blendwerk bis zum Wahnwitz übertreiben, befähigen sie den Kaiser, die Lumperei, die seine eigene ist, zu durchschauen. Andersen inszeniert mit hinreißender Komik den Vorgang der alltäglichen Betrügerei, in dem wir alle stecken. Glauben wir nicht unbesehen das meiste, was uns Medien, Kirchenfürsten, dreiste Politiker, Modeagenturen, und Meinungsbildner einhämmern? Spielen wir das große Spiel nicht jeden Tag selbst mit? Haben wir nicht Angst, daß jemand unsere Schwächen und Inkompetenzen aufzudecken vermöchte? Daß jemand entdeckt, welch kleiner Junge, welch kleines Mädchen hinter meiner Erwachsenenfassade steckt? Mit all unserer Bildung, Selbstsicherheit und gesellschaftlichen Gewandtheit spielen wir nicht oft Theater? Steckt nicht etwas von den verlogenen Ministern in uns selbst? Tun wir nicht oft so, als ob wir alles kapierten und verstehen doch rein gar nichts? Handeln wir nicht vielfach, wo wir in der Öffentlichkeit sind, gegen unsere innersten Gefühle und Einstellungen?

Friedrich Nietzsche hat diesen Jahrmarkt der Eitelkeiten, den jeder von uns mitinszeniert, mit scharfen Worten in seinem Essay „Über Wahrheit und Lüge im außermoralischen Sinne" charakteri-

sirert: „Im Menschen kommt diese Verstellungs-
kunst auf ihren Gipfel: Hier ist die Täuschung, das
Schmeicheln, Lügen und Betrügen, das Hinter-
dem-Rücken-Reden, das Repräsentieren, das Im-
erborgten-Glanze-Leben, das Maskiertsein, die
verhüllende Konvention, das Bühnenspiel vor
anderen und vor sich selbst, kurz das fortwährende
Herumflattern, um die eine Flamme Eitelkeit so
sehr die Regel und das Gesetz, daß fast nichts
unbegreiflicher ist, als wie unter den Menschen ein
ehrlicher und reiner Trieb zur Wahrheit aufkom-
men konnte."

Welche Kräfte verlangt uns diese Dauerinszenie-
rung der Selbsttäuschung ab! Die betrügerischen
Weber arbeiten folgerichtig Tag und Nacht an ihren
Webstühlen. Sie sind ungeheuerlich geschäftig und
voller Ernst, ganz ihrer Scheinaktivität hingegeben.
Alle lassen sich von ihnen täuschen. Alle spielen in
diesem Spiel mit. Es ist ein Vorgang wie eine
kollektive Massenhysterie. Gewaltige Lebensener-
gien werden für dieses Blendwerk verbraucht.
In den betrügerischen Webern taucht die Erinnerung an die indische Göttin Moira auf, die die
Schicksalsfäden der Menschen webte, oder die
indische Göttin Maya, jene kosmische Urweberin,
die die Geschicke des Universums wie der
Menschen am Webstuhl ihrer Unbegreiflichkeit
wirkt.

Der Kaiser, seine Minister, das Volk – alle leben
sie in der Welt des Scheins. Alle sind sie gewissermaßen Neurotiker mit schweren Wahrnehmungsverzerrungen. Bei nahezu allen Neurosen, so dia-

gnostiziert C. G. Jung in seinen Briefen einmal, ist es praktisch unumgänglich, die Haltung gegenüber dem Leben von Grund auf zu wandeln: „Da die Neurose aus einem fragmentarischen Zustand des menschlichen Bewußtseins entsteht, kann sie nur durch eine annähernde Ganzheit des Menschen geheilt werden."

Der Kaiser besteht nur noch aus einer fassadenhaften Figur. Seine lebendigen Seiten, Spontaneität, Selbstbehauptung, Phantasie, Sehnsucht, Sinnlichkeit hat er ebenso in den Schattenbereich verdrängt wie seine möglicherweise bösen, aggressiven, „unkaiserlichen" Eigenschaften. Er ist zum Staatsschauspieler degeneriert. Keiner sagt ihm mehr die Wahrheit. Die Minister lügen, aus Angst oder Opportunität. Nur die Betrüger nehmen den Kaiser auf eine geheimnisvolle, boshafte und doch überaus eindringliche Weise ernst. In einem Akt, der an die ritualisierte Form einer Initiation, einer priesterlichen Einführung gemahnt, heißen sie ihm, sich bis auf die Haut nackt auszuziehen und „neue Kleider" überzustreifen. So legt ein Ordensbruder oder eine Nonne beim ewigen Gelübde das „Göttliche Ehrenkleid" der Kutte an.

In unserem Märchen ist es allerdings umgekehrt. Dem Kaiser wird die Nacktheit „übergestreift". Er sieht sie nicht. Er fällt gleichsam durch das Examen der existentiellen Bewährung durch, er besteht die Mutprobe, zumindest zu diesem Zeitpunkt, nicht. Stolz wandelt er unter dem falschen Himmel seines Baldachins durch die Straßen, von den Hofschranzen in seiner Blindheit bestärkt. Alle machen den faulen Zauber mit. Bis die Stimme des Kindes erschallt: „Aber er hat ja gar nichts an!"

Das Kind – es steht für das „alter ego", das andere Ich des Kaisers, seine aufbrechende innere Stimme, sein kluges inneres Kind, sein wahres Selbst. Wenn wir den kleinen Jungen, das kleine Mädchen in uns befragen, wie es wirklich mit uns steht, ob wir glücklich sind, ob wir in der Wahrhaftigkeit leben, so bekommen wir richtige Antworten. Da sind wir ganz wir selbst. Da verlassen wir den falschen Schein, die Inszenierung unserer Masken und Täuschungen. Dann befreien wir uns von der tragischen Illusion des allmächtigen Ichs. Wir lassen unsere „Nacktheit" zu, unsere Bedürftigkeit, unsere Erschütterungen, unsere Ängste, unsere Sehnsüchte, unsere Alltäglichkeit, unsere dunklen Schatten, unsere Endlichkeit und Ratlosigkeit, das „Gute" und das „Böse" in uns. Wir versöhnen uns mit uns selbst und beenden den Bürgerkrieg gegen uns.

Wir dürfen endlich gewöhnlich und auch einmal trivial sein, klug und dumm, hochherzig und kleinkariert. Wir brauchen nicht mehr alle seelischen Energien auf die Abwehr unserer dunklen Seiten und die Stützung unserer Fassade zu verschwenden, wir können sie direkt in unsere Lebendigkeit fließen lassen. Wir entdecken die Ganzheit unseres Selbst. Wir stellen verblüfft fest, daß andere Menschen auch nur mit Wasser kochen und eine ähnlich reine/unreine Mischung des Menschlichen darstellen wie wir selbst. In einer viel tieferen Weise sind wir damit den Menschen verbunden.

Es sieht so aus, als ob der Kaiser im allerletzten Augenblick die schwere und doch so erlösende Wahrheit zu begreifen beginnt. „Aber er hat ja gar nichts an! rief zuletzt das ganze Volk. Das ergriff den Kaiser, denn es schien ihm, sie hätten recht, aber er dachte bei sich: ‚Nun muß ich die Prozession aushalten!' Und so hielt er sich noch stolzer, und die Kammerherren gingen und trugen die Schleppe, die gar nicht da war."

Die Dauer der Prozession lang lebt der Kaiser noch in der Lüge, dann wird sein neuer Weg beginnen. Hoffen wir es. Den Schein oder das Sein zu leben – das ist die Frage, vor der wir stehen. Bleiben wir dem Schein verhaftet, macht uns die eigene Maske bis an das Ende blind.

Dabei durchschauen die anderen Menschen meistens unsere bestbehüteten Geheimnisse. Eugen Roth hat diese Paradoxie in seinem Gedicht „Das Geheimnis" scherzhaft-schmerzhaft ausgedrückt:

> *Ein Mensch bemerkt oft, tief ergrimmt,*
> *Daß irgendwas bei ihm nicht stimmt.*
> *Jedoch, woran es ihm gebricht,*
> *Er findet's nicht und findet's nicht.*
> *Und ohne es entdeckt zu haben,*
> *Stirbt er zum Schluß und wird begraben;*
> *Schad', daß er nicht mehr hören kann:*
> *Am Sarg sagt's offen jedermann.*

Weckt uns die kindliche Stimme in uns rechtzeitig zu unserem wahren Sein, so dürfen wir glücklich leben in einem Prozeß wachsender Lebendigkeit. Wir sind dann bei uns angelangt. Sorgen und Ängste werden vielleicht nicht geringer, aber wir gehen wahrhaftig mit ihnen um und lassen uns von anderen Menschen helfen. Im Zusammenhang von Alkoholiker-Selbsthilfegruppen hat Richard Beauvais einmal etwas über die existentielle Wahrhaftigkeit des Menschen in der Gruppe formuliert, was, meine ich, für uns alle als Mensch unter Menschen gilt:

„Wir sind hier, weil es letztlich kein Entrinnen vor uns selbst gibt. Solange der Mensch sich nicht selbst in den Augen und Herzen seiner Mitmenschen begegnet, ist er auf der Flucht. Solange er nicht zuläßt, daß seine Mitmenschen an seinem Innersten teilhaben, gibt es für ihn keine Geborgenheit. Solange er fürchtet, durchschaut zu werden, kann er weder sich selbst noch andere erkennen – er wird allein sein.

Wo können wir einen solchen Spiegel finden, wenn nicht in unserem Nächsten? Hier in der Gemeinschaft kann sich ein Mensch erst richtig klar über sich werden und sich nicht mehr als den Riesen seiner Träume oder den Zwerg seiner Ängste sehen, sondern als Menschen, der – Teil eines Ganzen – zu ihrem Wohl seinen Beitrag leistet.

In solchem Boden können wir Wurzeln schlagen und wachsen; nicht mehr allein – wie im Tod –, sondern lebendig als Mensch unter Menschen."

Wiederannäherung an die Geschwister

„Lieber Bruder, dies und das war alles.“

Ina Seidel

Im Älterwerden mache ich eine für mich außerordentlich wichtige Erfahrung. Freundschaften und Liebesbeziehungen, mit denen ich früher oft gedankenlos umging, werden mir immer kostbarer. Verluste schmerzen deutlich stärker. Wo der Tod in meinem Leben Lücken reißt, werde ich einsamer. Ich bin als jüngster von vier Kindern aufgewachsen. Ich erinnere mich an viele Rivalitäten, aber auch viel Liebe. Die Liebe zu meiner Schwester Maria Theresia und meinen beiden Brüdern Albert und Christoph wird mir im Alter immer bedeutsamer.

Altern heißt, so scheint mir, den menschlichen Besitzstand sorgfältig mustern und pflegen. Altern heißt, wesentlicher werden, konzentrierter leben. Immer mehr erscheint mir die positive Seite der Geschwisterbeziehung, die Geschwisterliebe, als eine der Aktivposten meines Lebens, als elementare Erfahrung der Nähe und Zusammengehörigkeit, als Gegenwelt gegen die Defizite der Kindheit und Jugend, als Erfahrung der Geborgenheit in der Gegenwart. Die zweite Lebenshälfte zu nutzen und sich den Geschwistern über alle Entfremdungen hinweg wieder stärker anzunähern, zwingt uns, die Geheimnisse der Geschwisterliebe wie der

Geschwisterrivalität aufzudecken, uns miteinander auszusprechen und Klarheit zu schaffen. Was hat es mit diesen Geschwister-Beziehungen auf sich?

Da ist, um mit dem Negativen zu beginnen, einmal die harte, oft grausame Rivalität unter Geschwistern. Sie kann Dramen verursachen und ein ganzes Leben vergiften. Da ist das Phänomen der „Entthronung" durch Geschwister. Vor allem der oder die Erstgeborene macht hier oft ein wahres Trauma durch. Wilhelm Busch hat ja die Wut des ältesten Geschwisters über den Neuankömmling, wie wir im Kapitel über das Drama der Eifersucht sahen, in freche Verse gefaßt.

Das erste Kind erhält in der Regel im Vergleich zu seinen Geschwistern deutlich mehr Aufmerksamkeit, Sorge und Zuwendung. Die Eltern sind erfüllt von narzißtischer Freude und Grandiosität über dieses einmalige, unübertroffene Kind, das sie produziert haben. Jede Geste, jedes Lächeln, jeder Ausdruck des Erstgeborenen wird bewundert, fotografisch dokumentiert und in dicken Alben verewigt. „Seht mal, so potent sind wir", sagen die Eltern gleichsam, „dieses fabelhafte neue Leben haben wir geschaffen." Das erste Kind verzaubert die Eltern, es schafft ihnen Glanz, Bestätigung, Überhöhung ihrer Liebe. Dieses Premierenerlebnis ist nicht wiederholbar. Das erste Kind nobilitiert Mann und Frau gleichsam mit dem Orden der Vater- und Mutterschaft. Es darf sich als Solitär fühlen, als einzigartiges Unikat und nicht mehr zu hinterfragendes Glück seiner Eltern. Es wird rund um die Uhr wahrgenommen, präsentiert, gehätschelt. Und nun gilt mit der Geburt des zweiten Kindes über Nacht die Aufmerksamkeit einem Schwesterchen oder Brüderchen. Das ist eine schreckliche Kränkung für das Erstgeborene, und gute Eltern müssen viel Liebe aufwenden, seine reale Entthronung durch Fürsorge zu kompensieren und seine, natürlich auch vorhandene, Neugier am neuen Geschwister zu fördern.

Aber die Kränkung und Rivalität findet statt. Umgekehrt reagieren meist auch die Nachgeborenen mit destruktiven Gefühlen auf die Bevorzugung des ältesten Geschwisters, die „Affenliebe" der Eltern für ihn. Es kommt hinzu, daß alle Eltern dieser Welt ihre Kinder nicht gleich, sondern verschieden behandeln. Das heißt nicht, daß Eltern böse und ungerecht sind, aber jedes Kind findet bei seiner Geburt eine unterschiedliche Familienkonstellation vor. Es ist das erste, zweite, dritte oder vierte Geschwister. Es trifft junge oder ältere Eltern an, finanzielle Engpässe oder wohlsituierte Umstände. Es ist ein Pionier, das für seine Freiheit kämpfen muß und scharfen Verboten der Eltern unterliegt, oder ein spätgeborenes Kind, das von den erfolgreichen Schlachten seiner älteren Geschwister um späteres Aufbleibendürfen, mehr Taschengeld, liberalere Sexualität etc. profitiert.

Natürlich weisen auch Geschlecht, Alter, Intelligenz, Begabung, Aussehen, Charakter jedem Kind eine unterschiedliche Position im Familienverband zu. Väter bevorzugen manchmal Söhne, manchmal Töchter, Mütter desgleichen. Eltern erkennen in ihren Kindern positive Züge oder die verleugneten

177

Schattenanteile ihrer selbst. Eltern delegieren an ihre Kinder unterschiedliche Erwartungen: „Du sollst einmal meinen Betrieb übernehmen." „Du sollst eine hübsche Frau werden und eine bessere Partie machen als ich." Eltern verfolgen den eigenen bösen Schatten, die Bockigkeit, die Eitelkeit, die Verschlossenheit, in ihrem Kind. Kurz, Kinder werden unterschiedlich behandelt und erzogen, als „brav" oder „böse" klassifiziert, mit unterschiedlichen Botschaften in die Welt entlassen.

Kinder sind im Familienverband isoliert oder in geschwisterlichen Bündnissen stark, sie nehmen Gewinnerpositionen ein oder die Aschenputtel-Existenz. Sie verarbeiten Konflikte offen und aggressiv oder verdeckt – mit Bettnässen, psychosomatischen Erkrankungen, Eßstörungen, Verweigerungen. Kinder werden „Feinde" oder „Helfer" der Eltern. Sie fühlen sich weniger oder mehr geliebt als andere Geschwister. Sie fühlen sich klug oder dumm, attraktiv oder nicht liebenswert. Hier liegt eine unerschöpfliche Quelle für Geschwisterrivalitäten, „frühe Unordnung und Leid" wie Thomas Mann in seiner gleichnamigen, psychologisch scharfsinnigen Novelle formuliert.

In Jugend, Adoleszenz und Erwachsenenalter setzen sich die Geschwisterkonflikte erst recht fort. Das bevorzugte Kind muß seine Privilegierung mit dem Neid der übrigen Geschwister büßen. Seine Grandiosität ist jederzeit durch Entlarvung gefährdet. Diese wiederum schlagen sich mit Minderwertigkeitskomplexen und ihrem verletzten Gerechtigkeitsgefühl herum. Kain erschlägt Abel, weil Gott diesen offenkundig bevorzugt. Joseph reizt seine Brüder zur Weißglut, weil er nicht nur von Vater Jakob in äffischer Liebe bevorzugt wird, sondern sich kraft seiner feineren geistigen Natur hochmütig über die simplen Hirten-Brüder erhebt ...

Wer unter Geschwistern aufgewachsen ist, kennt die Summe der Verletzungen, die sich aus dem Familienszenario ergibt. Es gibt keine chemisch reine Gerechtigkeit in der Familie. Daß Eltern Kinder bevorzugen, ist ebenso natürlich wie grausam für die Benachteiligten. Die Bibel, Märchen, Mythen und Legenden sind voll von diesen Geschichten der Geschwisterrivalität. Selbst als Erwachsene, wenn es um die Auseinandersetzung um das Erbe geht, stehen wir oft fassungslos vor dem Wiederauftauchen alter Verwundungen. Warum bekommt eine Schwester sämtlichen Schmuck der Mutter? Warum wird der älteste Bruder, der immer bevorzugt wurde, nun auch noch mit dem Erbe des Elternhauses privilegiert? Warum werde ich, der ich vielleicht das „Schattenkind", das „Sandwich-Kind" zwischen dem älteren und dem jüngeren Geschwister war, wie ein Nichts behandelt?

Bei Erbstreitigkeiten gewinnt oftmals der Streit um ein Kaffeeservice tragische ödipale Züge, weil es eben nicht um den – lächerlichen – materiellen Wert, sondern um die ideelle Qualität geht: Haben die Eltern an mich gedacht? Lieben sie mich weniger als die anderen? Geben sie mir in dem Silberbesteck, in dem Ölbild noch einmal ein Stück von sich selbst auf den Weg oder halten sie mich eines solchen „Liebespfandes" für unwürdig? Der Berliner Psychoanalytiker Horst Petri konstatiert in seinem Fundamentalwerk „Geschwisterliebe und Rivalität": „Je stärker die ungelöste Bindung, um so größer ist das Loch, das die Eltern hinterlassen, und um so unersättlicher kann der Wunsch nach ihrem Ersatz durch das Erbe werden." Bösartige Erbstreitigkeiten zeigen oft an, daß wir das Geschwisterdrama nicht gelöst haben.

Die zweite Lebenshälfte bietet eine Chance, das Unbegriffene zu begreifen, von den Projektionen gegen die Geschwister („Du verachtest mich", „Du bist nicht seriös", „Du bist kalt"...) Abschied zu nehmen, sich wahrhaftig miteinander auszutauschen, wieder anzunähern und die späten Früchte der Geschwisterliebe zu genießen.

Sigmund Freud hat in seinem psychoanalytischen Lebenswerk weniger die Geschwisterliebe als die Geschwisterkonflikte thematisiert. Seit der Untersuchung von P. Bank und Michael D. Kahn (Geschwister-Bindung, Junfermann) wissen wir, daß sich Freud hierbei von der stark feindselig geprägten Beziehung gegenüber seinen sechs jüngeren Geschwistern bestimmen ließ. Tatsächlich beginnt die Geschwisterliebe in der Regel bereits sehr früh. Ein geliebtes Kind, das in das elterliche Urvertrauen eingebettet ist, identifiziert sich meist mit der Liebe der schwangeren Mutter zu ihrem ungeborenen Kind, es fühlt die ersten Kindsbewegungen im Bauch der Mama und freut sich auf den künftigen Spielgefährten.

Wenn das Baby geboren ist, entwickelt das ältere

Geschwister sehr oft fürsorgliche Gefühle. Es identifiziert sich zugleich mit dem Neuankömmling, der da ganz urwüchsig schreit, quengelt, die Windel voll macht und die Umgebung in Trab hält. Hier darf das ältere, bereits disziplinierte und kulturalisierte Geschwister noch einmal Züge seiner bereits wegerzogenen ursprünglichen Natur neu erleben und regressive Instinkte, das Kleinkind in sich, leben. Geschwister verbringen mehr Zeit untereinander als mit ihren Eltern, sie schlafen im gemeinsamen Zimmer, sie wachsen auf in der gegenseitigen Wildheit, aber auch Zuneigung und Zärtlichkeit.

In einer warmen Geschwistergemeinschaft fühlt sich jedes Kind auch widergespiegelt. Man kann, um Paul Watzlawik zu zitieren, nicht Nichtbeziehung haben. Geschwisterbeziehungen sind nicht gleichgültig, sondern höchst lebendig, engagiert, oft bis in die Aggression hinein nährend. Geschwister halten zusammen, sie haben ihre Geheimnisse gegen die Umwelt, vor allem die Eltern. Sie entwickeln Vertrauen zueinander und damit eine entscheidende soziale Grunderfahrung. Je schwieriger die Situation der Eltern und die Außenbedrohung ist, um so mehr rücken Kinder oft als Überlebens- und Notgemeinschaft zusammen. Vieles, was wir als Urvertrauen in uns vorfinden, haben wir als Kinder im geschwisterlichen Kontext erlebt.

Ich selbst fühlte mich immer durch meine Schwester Maria Theresia beschützt. Als ich, zusammen mit meinen älteren Brüdern, sieben Jahre lang ein Jesuiten-Internat in Österreich besuchte, übernahmen sie diese Schutzfunktion für mich. In der Härte der klerikalen Männergesellschaft konnte ich mich, wenn die Not am größten war, für einige Minuten zu meinen Brüdern stehlen und emotional auftanken. Albert hörte mir liebevoll zu. Christoph machte mir die herrlichen – verbotenen – Toastbrote ...

Die frühe Kindheit ist ohne die Geschwisterliebe kaum vorstellbar. Die kindliche Ich-Bildung geschieht hervorragend über die Identifizierung von Geschwistern miteinander. Indem ich Eigenschaften einer älteren Schwester, eines älteren Bruders nachahme und mir aneigne, erweitere ich das Spektrum meiner Selbstkompetenz. Kind sein heißt ja, unaufhörlich neue Eigenschaften und Fähigkeiten zu erwerben. Das macht Angst. Fahrrad fahren lernen, schwimmen lernen, einen Baum besteigen, einem großen Hund trotzen, im Dunkeln durch den Keller gehen, sich allein in der Stadt zurechtfinden, das alles sind Erlebnishürden, die genommen werden wollen. Geschwister machen sie mir vor. Oder ich profiliere mich als älteres Geschwister damit vor den jüngeren und gewinne aus dieser Vorbildfunktion schöpferische Kraft.

Als Geschwister sind wir uns aber auch im Prozeß der Deindentifikation unerläßlich. Brüder und Schwestern sind anders als ich, sie haben einen anderen Charakter, eine andere Art zu sprechen, zu phantasieren, zu lachen, sie haben verschiedene Hobbys und Fähigkeiten. Damit wird mir aber auch meine eigene Spezifik sichtbar, mein eigener Wert, meine Einmaligkeit. Ich bewundere und bestätige, ich selbst werde bewundert und bestätigt. Ich will möglicherweise nicht so sein wie ein Geschwister – diese Abgrenzung ist ein lebensnotwendiger Prozeß der Deidentifikation.

Die Geschwisterliebe ist die längste Beziehung unseres Lebens. Mit Geschwistern erobern wir die Welt, wir üben Witz und Sprache, soziale Verantwortung und Empathie (Einfühlen) ein. Wir verständigen uns über das aufregende Neuland der Sexualität, der ersten Beziehungen, das heißt der „Begegnung der dritten Art" mit dem anderen Geschlecht – ein pulstreibendes Unternehmen.

Mit Geschwistern pflegen wir „Geheimsprachen", wir teilen mit ihnen die Geheimnisse unserer Verletzlichkeiten und Ängste, unserer Schuld und Sehnsüchte, wir spielen mit ihnen den Erwachsenen Streiche und realisieren in dieser Art von Mutproben ein unerläßliches „Probehandeln" für die Zukunft.

Geschwisterliebe beweist sich in der Pubertät, der Zeit der Quälerei und des Aufbruchs, der Angst und der Neuwerdung, der Komplexe und der Größenphantasien. Wir erleben die Faszination der Gegengeschlechtlichkeit – da wird eine Schwester Frau, ein Bruder Mann. Wir partizipieren und wir identifizieren uns. Von der älteren Schwester lernen wir als Mädchen das Schminken und die Sache mit den Jungen, vom älteren Bruder als Junge das Krawattenbinden und das „Wesen der Weiber". Wir erleben die revolutionären Aufbrüche der Geschwister in eine noch fremde

Zukunft, die mit Hilflosigkeit, Frechheit, Wut und schlechtem Gewissen vollzogene Ablösung von den Eltern, wie den Auftritt der Liebhaber und Liebhaberinnen unserer Schwestern und Brüder auf der familiären Bühne. Da ist viel Ambivalenz im Spiel. Wenn die Schwester ihren ersten Freund, der Bruder seine erste Freundin hat, so reicht die Spannweite unserer Gefühle von Stolz und Sympathie bis hin zu Eifersucht und Wut. Den ersten „Liebhaber" meiner Schwester habe ich boshaft abgewertet – natürlich, ich hatte sie doch lieb und besaß – vermeintlich – ältere „Anrechte" auf Maria Theresia! Geschwister sind das Medium unserer Menschwerdung, unsere Begleiter und unsere Kritiker, unsere Fans und unsere Gegner, unsere Gegenwelt gegen die Macht der Eltern.

Die Geschwisterliebe ist wie das Leben selbst. Sie ist Nähe und Distanz, Lebendigkeit und Tod, Anziehung und Abstoßung. Wir verlassen das Elternhaus, wir gehen in die Welt, wir verlieren uns aus den Augen. Wir schlagen uns mit uns selbst herum, erlernen einen Beruf, mieten eine Wohnung, bauen ein Haus. Obwohl wir früher apodiktisch verkündeten „Ich heirate nie", stürzen wir uns in die Ehe und in die „Spießigkeit". Wir tragen Kinder zur Taufe, kriegen eine Lebensgeschichte, legen Träume ab wie gebrauchte Kleider, kurz, wir bestehen unsere Robinsonade der Seele. Auf der Insel unseres erwachsenen Lebens ist lange Zeit wenig Platz für die Geschwister.

Im Gegenteil, auch hier bestimmt oft, im Prozeß der Deidentifikation, die scharfe Abgrenzung von den Geschwistern unseren eigenen Wert. Ich bin nicht wie meine Schwestern Hausfrau geworden. Ich bin nicht wie meine Geschwister in der Heimatstadt hockengeblieben. Sehr oft quält uns auch die Frage: Bin ich so tüchtig wie meine Geschwister? Kann ich mich mit ihnen messen? Sind die Eltern stolzer auf mich oder auf die anderen? Auf dieser Wegstrecke des Lebens entfernen sich Geschwister nicht selten weit voneinander. Das Leben ist so aufregend, es stellt vor so viele Herausforderungen, daß für die Geschwister „keine Zeit" bleibt.

Und doch ist das geschwisterliche Subsystem – die Ursprungsfamilie bildete das Gesamtsystem – ein Leben lang präsent. Wenn das erste Geschwister selbst ein Kind bekommt, so nimmt es die Brüder und Schwestern in sein neues System hinein. Denn selbst der ledige Bruder und die als Single lebende Schwester werden, ob sie wollen oder nicht, Onkel und Tante. Die bisherigen Eltern mutieren zu Großeltern, das geschwisterliche Subsystem in eine Art potentielles Elternsubsystem. Denn die noch kinderlosen Geschwister sind nun selbst als Onkel oder Tante als Erwachsene definiert und nicht länger mehr Kinder. Jetzt stellt sie das Vater- oder Muttersein des Geschwisters ganz konkret vor die Frage, ob sie selbst die Elternrolle übernehmen und Kinder haben wollen. Sie werden zu Paten ernannt und übernehmen damit bereits selbst elterliche Verantwortungen. Geschwister lernen sozusagen von erwachsenen Geschwistern hautnah, wie es ist, Geschwister zu gebären, zu hegen, sie zur Taufe, Kommunion, Konfirmation zu führen, Krisen durchzustehen.

Je älter wir werden, desto wichtiger wird die Bindung unter Geschwistern. Geschwister sind uns in kritischer Liebe verbunden. Sie kennen uns bis in die letzten Falten unserer Seele. Sie wissen um unsere kleinen Mogeleien und um die Tiefe unseres Herzens. Wenn wir in einer Ehe- oder Berufskrise stehen, wenn wir eine Ehe beenden oder verlassen werden oder die Depressivität uns überfällt, so sind Geschwister gute Stützen. Von Geschwistern können wir die Wahrheit annehmen. Denn in der zweiten Lebenshälfte werden wir vertraut mit Krisen und Enttäuschungen, mit den Grenzen unseres Könnens und Charakters. Wir erfahren Verluste, wir leiden an uns und an anderen, wir registrieren in jeder Falte unseres Gesichts, im Grauwerden der Haare und der schnelleren Erschöpfbarkeit die Endlichkeit unseres Lebens. Krankheiten treten in unser Leben. Die Sanduhr des Lebens rieselt, die Zeit wird zum kostbarsten Rohstoff. Wir werden toleranter und gütiger und leugnen nicht länger die Schattenseiten unserer Existenz.

Spätestens im reifen Erwachsensein treffen uns zwei Geschehnisse wie ein Keulenschlag: Die Tode von Mutter und Vater. Jetzt wird die Luft dünner in unserem Leben. Die nächsten, die sterben werden, werden wir selbst sein. Wir dürfen nie wieder Kind sein. Was zwischen uns und unseren Eltern gelaufen ist, ist nicht mehr korrigierbar. Die Welt enthüllt sich plötzlich für uns als eine Bühne mit abgeräumten Kulissen. Wir erkennen: Stabilität und Gleichmaß ist immer nur relativ, für einen lebensgeschichtlich kurzen Zeitraum herstellbar.

In diese Zeit des Elternverlusts fällt meist auch der Ablösungsprozeß von den eigenen Kindern. Die Eltern sind gestorben, die Kinder haben das Haus verlassen, es wird einsamer um uns. Wir sind auf einmal die „letzte Generation".

Wir selbst müssen uns auf den eigenen Abschied von der Welt langfristig vorbereiten. Und als ob es nicht genug mit den Zumutungen des „abschiedlich Leben" (Verena Kast) sei, so steht auch noch das Berufsende am Horizont. Wieviel Gleichgewicht und Selbstwertgefühl haben wir, besonders wenn wir Männer sind, aus unserer Profession bezogen, die sozialen Kontakte, den Sinn des Lebens und unsere Anerkennung!

Dies alles zusammen bildet ein starkes Motiv der Wiederannäherung der Geschwister untereinander. Sie haben unseren langen Weg von der Quelle bis heute verfolgt. Sie stehen selbst in der gleichen Situation. Sie sind für dieses Leben mit der gleichen familiären Mitgift ausgerüstet worden wie wir. Wir teilen Familientradition, Wertekatalog, Milieu, Religion, Lebensphilosophie. Was ist schöner als die absolute Gewißheit, im Falle der schweren Krankheit oder Krise auf die Solidarität und Liebe der Geschwister zählen zu können. Allein das Bewußtsein davon trägt uns.

Gleichzeitig hat die Geschwisterliebe nichts Klammerndes. Im Unterschied zur Liebesbindung in der Beziehung, ob heterosexuell oder homosexuell, ist in der Geschwisterliebe das Aroma der

Freiheit. Wir hängen aneinander, aber wir reden uns nicht in den Alltag hinein. Wo ein Geschwister stirbt, da stirbt ein Stück von uns. Goethe bemerkte einmal in „Dichtung und Wahrheit": „Ja, wenn es schon ein angenehmer Anblick ist, zu sehen, daß Eltern ihren Kindern eine ununterbrochene Sorgfalt widmen, so hat es noch etwas Schöneres, wenn Geschwister Geschwistern das gleiche leisten."

Goethe weist in seinem Notat auf die Geschwisterliebe als aktive Beziehungsarbeit hin. Das heißt, Geschwister dürfen auch miteinander streiten. Ja, der produktive Streit, kann eine Voraussetzung zur Wiederannäherung und Versöhnung dort sein, wo die Gräben aufgebrochen sind. Goethe bemerkt in seinen „Schriften zur Literatur": „Aber auch der Streit ist Gemeinschaft, nicht Einsamkeit, und so werden wir selbst durch den Gegensatz hier auf den rechten Weg geführt." Streit ist immer auch Kontakt. Wie ätzend und anstrengend ein Streit sein mag, so enthält er als geheime Ingredienz doch immer auch die Sehnsucht nach Beziehung. Streit ist gelegentlich eine Liebe ganz besonderer Art. Solange wir uns streiten, so lange nehmen wir uns wahr. Solange wir streiten, so lange nehmen wir uns ernst. Solange wir uns streiten, sind wir miteinander verbunden.

Sich dem Strom des Lebens anheim zu geben und nicht tatenlos an seinen Ufern zu stehen, verlangt aber auch, sich als Erwachsener aktiv auf die Geschwister zuzubewegen. Das geht nicht ohne eine Eigenbilanz ab. Ich muß mich kritischen Fragen stellen: Habe ich meinen Bruder/meine Schwester gekränkt? War mir die Beziehung wichtig? Habe ich Zuwendung gezeigt? Habe ich immer den Starken gespielt oder auch einmal meine Schwäche zugelassen? Habe ich geholfen? Hatte ich den Mut, Hilfe von dem Geschwister zu erbitten? Konnte ich den Erfolg eines Geschwisters akzeptieren oder habe ich ihn kleingemacht? Habe ich den Partner der Schwester/des Bruders angenommen? Habe ich Bruder oder Schwester bei den Eltern schlechtgemacht, ausgespielt? Habe ich meinem Geschwister jemals gesagt, wie wichtig es mir ist? Habe ich meine Wut und Enttäuschung klar formuliert oder heruntergeschluckt? Habe ich versteckt agiert? Kann ich die Kritik meiner Geschwister annehmen? Habe ich mich mit den Schattenseiten meiner Persönlichkeit auseinandergesetzt? Weiß ich überhaupt, wie mein Geschwister mich sieht? Hasse ich möglicherweise etwas an meiner Schwester oder an meinem Bruder, was selbst ein Anteil von mir ist?

Hier gilt es, mit Geschwistern zu sprechen oder einmal den mutigsten Brief des Lebens zu schreiben. Nicht länger anzuklagen oder zu missionieren, sondern sich selbst aus der Tiefe heraus auszudrücken und dem Geschwister zuzuhören. Dem Geschwister eine Liebeserklärung zu machen. Regelmäßig zu telefonieren. Althergebrachte Zwangsverhalten abzustreifen, aber auch die Fragen und die endlich geäußerte Wut eines Geschwisters auszuhalten. Das Zwiegespräch zu führen. Einmal allein mit dem Geschwister etwas zu unternehmen, vielleicht sogar einen Urlaub. Geschwisterkultur pflegen.

Älter werden sollte heißen, klarer werden. Der Dichter Ernst Wiechert, unter Hitler im Konzentrationslager Buchenwald inhaftiert, fand dafür wundervolle Worte: „Am Abend eines Lebens werden die großen und wichtigen Dinge klarer, so wie in der Landschaft die Linien klarer werden. Unsere Waage wird zuverlässiger und gerechter, und sie wird auch milder. Und milder wird auch die Trauer um die große Erkenntnis, daß wir aufhören müssen, Mensch zu sein, gerade in dem Augenblick, in dem wir begonnen haben, es zu werden."

Sich in der zweiten Lebenshälfte den Geschwistern wieder zu verbinden, gibt die Chance, die eigene Menschwerdung in der Erinnerungsarbeit unter Geschwistern bewußt zu machen. Die alten Orte aufzusuchen, die Fotografien der Kindheit und Jugend gemeinsam anzuschauen und zu erörtern, das Schwere und das Schöne der gemeinsamen Herkunft zu finden, gegen sich selbst gerechter zu werden und die Geschwisterliebe als eine Wärmequelle in sich selbst hineinzunehmen.

Horst Petri würdigt diesen Prozeß dieser geschwisterlichen Synthese mit den Worten: „Was früher äußerer Dialog war, verwandelt sich in einen inneren. Das verinnerlichte Geschwister begleitet einen weiter, beschützt einen und hält die Erinnerung an den Lebenstrom wach, den man gemeinsam durchschwommen hat – von der Quelle bis zur Mündung, mal näher beieinander, mal weiter entfernt, aber immer in dem sicheren Gefühl, daß man zusammengehört."

Bei Petri habe ich auch das bewegende Gedicht „Dies und Das" der Dichterin Ina Seidel gefunden, das ich an das Ende dieses Kapitels setzen möchte. Die Dichterin rückt den Kreislauf des Lebens mit dem Symbol des Balles ins Bild. Es ist der Ball, dieser Inbegriff der Lebensganzheit, den der Bruder im Tod an die Schwester weitergibt:

Dies und Das

Du und ich, wir hatten dies und das;
Blanke Kiesel, Muscheln, Vogelnester,
Kugeln auch aus bunt gestriemtem Glas,
Und du warst der Bruder, ich die Schwester,
Und wir stritten uns um dies und das:
Um Kastanien, Kolben aus dem Röhricht,
Und wir wurden groß und es schien töricht.

Es erschien uns alles als ein Spiel,
Als ein Nichts erschien uns dies und das.
Heute nun, da du vor mir des Balles
Müde wardst, und er in meiner Hand
Liegen blieb wie ein vergeßnes Pfand,
Weiß ich: dies und das, ach es war viel!
Lieber Bruder, dies und das war alles.

Die Lust

> *„Der Kampf um Lust ist der Kampf um das Leben."*
>
> *Friedrich Nietzsche*

Aus einem Buch, dessen Titel und Autor mir entfallen sind, habe ich mir einmal folgende scharfsinnige Beobachtung notiert: „Vielleicht ist die Wollust nur deshalb so schrecklich, weil sie uns darüber belehrt, daß wir einen Körper haben. Früher brauchten wir ihn nur, um zu leben; jetzt merken wir, daß dieser Körper sein eigenes Dasein, seine Träume und seinen Willen hat, und daß wir bis zu unserem Tode mit ihm rechnen, ihm nachgeben oder ihn bekämpfen müssen."

Die Last mit der Lust kennzeichnet oft das eheliche Binnenklima der zweiten Lebenshälfte. In den Selbsterfahrungsgruppen in Lahnstein biete ich den Teilnehmern stets an, an einem Abend in zwei kleinen, nicht mehr als sechs bis sieben Frauen oder Männer umfassenden Gruppen, über ihre Sexualität offen zu sprechen. Ich bitte sie zuvor, nicht *über* die Lust zu diskutieren, zu moralisieren und abstrakte Stellungnahmen abzugeben, sondern allein und ausschließlich einander etwas über die eigene Sexualität, Sehnsüchte, Nöte, Erkenntnisse zu offenbaren. Ich bitte die Teilnehmer, als Grundlage der Aussprache einen anonymen Zettel auszufüllen und zwei Fragen zu beantworten: Wie würde ich meine gegenwärtige Sexualität benoten? Welche dringende Frage in Sachen Sexualität habe ich auf dem Herzen?

Die Bilanz sieht nicht gut aus. Über zwei Drittel der Frauen und Männer bewerten ihre Sexualität – wenn man das ausnahmsweise einmal so schulmeisterlich machen darf – mit den Noten „genügend" und „ungenügend". Bei den Fragen sieht es nicht viel besser aus. Neben erotischer Neugier und Vitalität verraten sie doch wahre Abgründe der Hilflosigkeit und des Nichtwissens sonst so lebenserfahrener Frauen und Männer.

Ich möchte einige der Notate zitieren.

Frauen fragen:

„Ist oraler Sex pervers oder normal?"

„Ist es beim Sex schlimm, sich zu verschenken?"

„Ich brauche nicht immer den Geschlechtsverkehr, Zärtlichkeit ist mir wichtig – ist das erlaubt?"

„Warum habe ich oft Schmerzen (Brennen) in der Scheide beim Verkehr, obwohl ich will und keine gesundheitliche Störung vorliegt?"

„Soll ich mich damit abfinden, daß ich meinen Orgasmus nur bekomme durch Befriedigung mit dem Mund und nicht in der sexuellen Vereinigung?"

„Wie gehe ich damit um, wenn mein Partner in der Sexualität von mir Dinge verlangt, die ich nicht möchte und die mir keinen Spaß machen?"

„Ist die Bereitschaft zur Sexualität nicht auch sehr stark durch Hormone bedingt?"

193

„Darf ich mit meinem Mann über meine sexuellen Wünsche offen reden?"

„Sind meine sexuellen Begierden unnormal?"

„Meine sexuellen Phantasien machen mir Schuldgefühle – was tun?"

„Ich hasse es, beim Sex zu schweigen, aber ich weiß nicht, wie ich mich ausdrücken kann?"

„Ich weiß nicht, was mit mir los ist, ich kann mich nicht sexuell fallen- und gehenlassen?"

„Ich fühle mich gar nicht als Frau, obwohl ich seit vielen Jahren schon Mutter bin."

„Ich komme beim Geschlechtsverkehr nicht zum Orgasmus – was soll ich machen?"

„Kann ich es lernen, Sexualität in ihrer Vielfalt zu probieren und zu genießen, ohne an die Zukunft oder an Verpflichtungen zu denken?"

„Es kommt immer wieder vor, daß ich trotz schönem, lustvollem Vorspiel und Geschlechtsverkehr kurz vor dem Orgasmus abblocke, das heißt mein Kopf schaltet sich ein, und ich fühle nichts mehr. Geht das auch anderen Frauen so? Woran kann das liegen?"

Männer fragen:

„Wie kann es mir gelingen, eine Atmosphäre herzustellen, die auf Erotik und Sexualität neugierig macht und mir mit meiner Frau einen neuen Einstieg ermöglicht?"

„Meine Frau meint, seitdem sie in den Wechseljahren sei, wolle sie keine Sexualität mehr. Wie kann ich zu einem sexuellen Ausgleich kommen, ohne Schuldkomplexe ihr gegenüber zu kriegen?"

„Inwieweit ist die eigene Frau (auch) ein Lustobjekt?"

„Habe ich Anspruch darauf, meine Sexualität in der Partnerschaft zu leben, oder muß ich, wenn meine Frau nicht will, auf die Sexualität bis zum Lebensende verzichten?"

„Warum muß ich immer die antreibende Kraft im Bett sein, obwohl meine Frau auch Lust auf Sex hat? Das demütigt mich. Ich fühle mich wie der Bock vom Dienst. Es staut sich viel Groll in mir auf."

„Mich drängt es nicht danach, mit anderen Frauen außer meiner Ehefrau zu schlafen – ist das unnormal?"

„Ist es normal, ab und zu ganz spontan beim Blickkontakt mit einer aufregenden Frau sexuelle Gelüste zu entwickeln, allerdings ohne ernste Absichten?"

„Ich bin verzweifelt. Weil es mit der Sexualität mit meiner Frau nicht klappt, habe ich seit Jahren eine – verheiratete – Freundin. Sie hat mit ihrem Mann genau das gleiche Problem. Ich liebe aber meine Frau und fühle mich wie ein Verräter."

„Besteht bei einer Außenbeziehung nicht die Gefahr, daß sie auf Grund der neuen Faszination von den Problemen in der Beziehung ablenkt? Umgekehrt gefragt, verliert die Außenbeziehung mit der Problemlösung innerhalb der Ehe ihre Existenzberechtigung?"

„Ich bin ein vitaler, sinnlicher Mann. Ich brauche und liebe die Liebe. Ich habe eine wundervolle, schöne Frau. Eigentlich möchte ich wenigstens jeden zweiten Abend mit ihr schlafen, aber sie ‚gewährt' es mir höchstens einmal im Monat. Das macht mich wütend und traurig zugleich. Ich spüre, wie ich meine Lebensfreude und schöpferische Kraft einbüße…"

„Seit den Wechseljahren bereitet es meiner Frau große Schmerzen, wenn ich in sie eindringe. Ihre Scheide ist enger geworden und wird nicht mehr feucht. Wir schaffen es einfach nicht mehr, Liebe zu machen. Der Gynäkologe hat meiner Frau Hormone verschrieben, aber das hilft auch nichts. Wir sind verzweifelt."

„Ich möchte mit den anderen Männern in der Gruppe über ein Problem sprechen, das mich beschämt. Ich bin 52 Jahre alt und habe zunehmende Schwierigkeiten, eine Erektion zu bekommen bzw. zu halten. Das ist mir peinlich. Werde ich impotent? Kennen andere Männer in meinem Alter das auch? Bei meiner Frau rede ich mich immer mit Müdigkeit heraus."

Die mittleren Jahre sind nicht nur bei der Frau Wechseljahre und Wendejahre. Der Begriff „Klimakterium" verweist auf das altgriechische Wort für „Treppe", „Stufe". Lebensmitte bedeutet seelisch wie körperlich einen Übergang zu einer neuen Lebensepoche. Sexuelle Störungen in diesem Zeitraum sind mit Sicherheit nie allein körperliche, sondern immer auch psychologische, z.T. auch gesellschaftliche Probleme. Man kann die Brisanz der mittleren Lebensjahre mit den Reifungskrisen der Adoleszenz vergleichen. Hier wie dort geht es um neue Identität. In der zweiten Lebenshälfte prüfen wir, ob die Realität des Alltags früheren Visionen von uns selbst und von der Zukunft entspricht. Da gilt es oft einzugestehen, daß wir den ganz großen Wurf unseres Lebens nicht geschafft haben, daß uns die Glut der frühen Jahre abhanden gekommen ist, daß Visionen auf der Strecke blieben. Außerdem haben die Kinder das Haus verlassen. Wir Ehepartner sind wieder allein miteinander. Genau da setzt die Krise oft ein: Entweder sind wir uns fremd geworden und müssen das Wagnis der Trennung, diese Amputation bei lebendem Leibe, auf uns nehmen. Oder wir finden auf einer neuen Ebene zueinander und haben die Gnade, so etwas wie eine zweite Hochzeit und Hoch-Zeit zu erleben.

Frauen fürchten in diesem Alter, ihre erotische Attraktivität einzubüßen, Männer, ihre sexuelle Potenz zu verlieren. Beide spüren im Hintergrund ihres Herzens Lebensangst. Inmitten der Sexualität erhebt sich drängend noch einmal die dramatische Frage der frühen Reifungsjahre „Wer bin ich?" Und: „Wie lange bin ich noch?" Ob wir in Geschäftigkeit oder Depression, in Alkohol oder Schlaf flüchten – die bohrende Frage der Identität und der Endlichkeit bedrängen unabweisbar auch unser Liebesleben. Man kann nicht einfach so tun, wie manche Ratgeberautoren es uns suggerieren, als ob alles unverändert geblieben wäre und die Frage der Sexualität lediglich mit neuer Kreativität, Gleitcremes und tantrischer Liebe zu überwinden seien.

Die Liebe der zweiten Lebenshälfte ist eine andere, auch die Sexualität. Sie bekommt ein neues Gesicht. Sie will gestaltet werden. Sie muß häufig Rücksicht nehmen auf einen anfälliger gewordenen Körper. Weniger denn je läßt sich jetzt die Sexualität von der Liebe ablösen. Die „Wanderungen im Fleische", diese Manifestationen jugendlicher Weltverliebtheit, klingen ab.

Im Antlitz des/der Geliebten und im eigenen Gesicht erblicken wir die Signaturen des Alters und der Endlichkeit. Hermann Hesse hat diese Bühne der Liebe in der Lebensmitte einmal eindrucksvoll beschrieben: In dem indischen Märchen „Siddhartha" schreibt er: „Nie war es Siddhartha so seltsam klargeworden, wie nahe die Wollust dem Tode verwandt ist. Dann war er an ihrer Seite gelegen, und Kamalas Antlitz war ihm nahe gewesen, und unter ihren Augen und neben ihren Mundwinkeln hatte er deutlich wie noch niemals eine bange Schrift gelesen, eine Schrift von feinen Linien, von leisen Furchen, eine Schrift, die an den Herbst und an das Alter erinnerte, wie denn auch Siddhartha selbst, der erst in den 40ern stand, schon hier und dort ergraute Haare zwischen seinen schwarzen bemerkt hatte. Müdigkeit stand auf Kamalas schönem Gesicht geschrieben, Müdigkeit vom Gehen eines langen Weges..., Müdigkeit und beginnende Welke, und verheimlichte, noch nicht gesagte, vielleicht noch nicht einmal gewußte Bangigkeit: Furcht vor dem Alter, Furcht vor dem Herbste, Furcht vor dem Sterbenmüssen."

Das soll nun nicht heißen, daß wir in der zweiten Lebenshälfte mit der Lust resignieren. Das Gegenteil ist der Fall. Wir sollten nur nicht verleugnen, was an Veränderung und körperlich-seelischem Alter in unser Leben gekommen ist. Wenn wir uns der Kürze unserer Lebensperspektiven bewußt werden, so vermögen wir erst ihre Würze zu schmecken. Der Psychoanalytiker Tobias Brocher konstatiert in seinem Werk „Stufen des Lebens" (Kreuz Verlag): „Genaugenommen lernen wir erst ab der mittleren Lebensstufe wirklich zu lieben – und jene Liebe, die sich nicht bläht, die nicht richtet, sondern alles versteht, weil wir um die eigene Schwäche und Fehlbarkeit wissen, die wir bereit sind anzunehmen und die uns befähigt, anderen zu vergeben."

So gesehen bietet die zweite Hälfte des Lebens die grandiose Chance, die Lust endlich ohne die Angst vor Schwangerschaft zu leben, befreit von den Mühen um die Kinder, gelöst aber auch von den Selbstbehauptungs- und Selbstdarstellungsdramen der ersten Lebenshälfte, dem mühsamen Beziehungsclinch und Hickhack der frühen Beziehungsinszenierung.

Was es geschichtlich noch nie gab, ist heute möglich. Anders als unsere Großeltern können wir heute Sex genießen. Wir lassen es nicht mehr zu, daß Eltern, Staat oder religiöse Institutionen unser Sexleben reglementieren. Wir stellen Ansprüche an den Sex. Wir wissen, Lust steht uns zu. Wir fragen unseren Partner unbefangen: „Mit wieviel Partnern hast du schon geschlafen?" „Hast du dich auf Aids testen lassen?" „Welche Stellung gefällt dir beim Koitus?" Solche Gespräche waren bei unseren

Großeltern, ja Eltern, einfach undenkbar. Undenkbar früher auch die Vorstellung, daß Frauen ebenso sexuell aktive Wesen wie die Männer sind und sich das Recht nehmen, mit Sex „anzumachen", wie sich zu verweigern, neue Ideen in das Liebesspiel einzubringen und sexuelle Befriedigung zu verlangen. Das alles macht Sex schöner und befreiter, aber auch mitteilungsbedürftiger. Es setzt uns unter Diskussionszwang.

Guter Sex fällt nicht einfach vom Himmel. Wir müssen die Lust lernen und üben. Unser größtes Sexualorgan steckt nicht in der Unterhose, sondern zwischen den Ohren – es ist unser Gehirn, unsere Phantasie, unsere Kommunikationsfähigkeit. Sexualität ist, wie der Psychologe Alexander Lowen einmal so schön formulierte (Liebe und Orgasmus, Rowohlt) „keine Freizeit- und Teilzeitaktivität. Sie ist eine Lebensart."

Lust bekommen wir nicht einfach als Erbgut in den Schoß gelegt. Wir müssen ein Leben lang mit der Sexualität experimentieren. Wenn Du, liebe Leserin, lieber Leser, in der Partnerschaft sexuelle Probleme hast, scheue Dich nicht, einen Arzt, eine Beratungsstelle, einen Therapeuten aufzusuchen. Scham ist ein falscher Ratgeber. Im Verlauf der verschiedenen Lebensabschnitte verändert sich unser sexuelles Begehren. Es kann die Experimentierfreude größer werden oder das Bedürfnis nach Zärtlichkeit. Frauen, die den barbarischen Vorgang einer sogenannten „Totaloperation" der Geschlechtsorgane hinter sich haben, finden sich oft in einem inneren Zustand tiefer Kränkung. Sie meinen, ihre Weiblichkeit verloren zu haben. Sie sprechen nicht darüber. Dabei muß eine Unterleibsoperation gar nichts zu tun haben mit verminderter sexueller Appetenz.

Männer, die ein Nachlassen ihrer Erektion feststellen, leiden stumm wie ein Hund darunter, anstatt nach den Ursachen zu fragen. Zu klären wäre doch: Ist meine Lebenspotenz insgesamt geschwunden? Habe ich beruflich resigniert? Bin ich körperlich überfordert? Habe ich keine Lebensperspektiven mehr? Habe ich mich mit meinen Kindern überworfen? Habe ich keinen Freund? Neige ich, wie die meisten Männer, zu verstecktem Alkoholmißbrauch? Die Grenzen zur Alkoholkrankheit sind bekanntlich fließend. Stopfe ich Tabletten in mich hinein?

Die Männer und Frauen, die mir in der Beratung gegenüber sitzen, wissen häufig nicht, daß es eine Fülle von Medikamenten mit negativen Wirkungen auf die Sexualfunktionen gibt. Der Arzt klärt sie nicht darüber auf. Dazu zählen beispielsweise die Antihypertonika, die Beta-Rezeptoren-Blocker, ACE-Hämmer, Calciumantagonisten, Antidepressiva, Östrogene, Corticosteroide, Antiandrogene, Antiepileptika, Chemotherapeutika und viele andere. Selbstverständlich lassen Alkohol, Opiate, Beruhigungsmittel, vor allem aber Nikotin, die Libido abnehmen. Es kommt zu verzögerten Ejakulationen, Erektionsproblemen und Anorgasmie, der Unfähigkeit, zum lösenden Orgasmus zu gelangen.

Um in der Erotik in langjährigen Beziehungen

die Flamme nicht erlöschen zu lassen, müssen wir aktiv werden und neue Antworten für die Erfüllung unserer Sehnsüchte und Begierden finden. Ratgeber dazu gibt es genug. Ich will nur einige, mir wichtig scheinende Gesichtspunkte nennen:

Ich muß akzeptieren, daß sich meine Sexualität mit meinem Partner im Laufe der Zeit verändert. Häufigkeit und Leidenschaft nehmen oft ab, dafür wird der Sex zärtlicher und freundschaftlicher.

Zu einem Zeitpunkt, an dem ich eher mit dem älter werdenden Körper auf Kriegsfuß stehe („zu schlaff", „zu dick", „zu faltig"), muß ich Liebe zu mir selbst entdecken, meinen eigenen Körper liebhaben, ihn bewundern und liebevoll pflegen. Männer betrachten ihren Penis oft distanziert wie ein Werkzeug aus ihrem Hobbykeller. Frauen haben oftmals noch nie mit Hilfe eines Spekulums die blütenhafte Schönheit ihrer Vagina betrachtet. Wievielen Frauen und Männern über 40 bin ich in der Therapie begegnet, die mir errötend eingestanden, daß sie noch nie gelernt hatten, lustvoll sich selbst zu befriedigen und köstliche Phantasien dabei zu haben! Natürlich wirken hier die drakonischen Masturbationsverbote („Gehirnerweichung") der religiösen Kindheit nach.

Wichtig scheint mir, daß ich der Sexualität einen der Spitzenplätze in meiner Werteskala einräume. Wenn mir der Beruf, das Mähen des Rasens, das Putzen des Hauses, die Wartung des Autos, die Steuererklärung, das Einmachen der Marmelade, die Lektüre der „Frankfurter Allgemeinen Zeitung", der Hobbykeller, meine Photographierwut, das abendliche Fernsehprogramm, meine Schallplatten, meine Bücher, die Akten, das Bügeln und tausend andere Dinge wichtiger sind als das erotische Getümmel von Leib und Seele, dann darf ich mich nicht wundern, daß mein Sex aussieht wie ein Ladenhüter aus dem untersten Regal bei ALDI!

Sex braucht Zeit. Nichts tötet die Lust zuverlässiger, als wenn man sie an die letzten zehn Minuten eines erschöpfenden Arbeitstages zwischen Zähneputzen und Wegschlafen plaziert. Heißer Sex findet auch nicht immer in der Monotonie des Ehebettes statt, sondern völlig überraschend um drei Uhr mittags auf dem Teppich im Wohnzimmer oder in der Garage oder zwischen den heißen Laken eines Hotelzimmers. Nichts ist guter Lust förderlicher, als gelegentlich am Wochenende die gewohnte Szenerie zu wechseln und den Partner zu einem Rendezvous in einem hübschen Hotel einzuladen, schick angezogen natürlich und mit frischer Lust in den Lenden.

Ich darf Sex nicht als Erpressung mißbrauchen. Wenn ich den anderen ständig bestrafe durch sexuelle Verweigerung, mache ich den Sex zum Leidtragenden. Es kann so wichtig sein, eine penetrant muffige Stimmung in der Beziehung einfach dadurch aufzuhellen, daß man kurz entschlossen wieder miteinander schläft. Das weicht die Verhärtung auf. Das macht uns empfänglicher für den anderen. Das gibt eine Basis zur neuen Verständigung und zum produktiven Streit.

Was für die Beziehung, wie wir früher schon ausführten, wichtig ist, die Balance von Nähe und

203

Distanz, das ist besonders für die Lust wichtig. Wer immer zusammenhockt, der freut sich nicht mehr aufeinander. Wer Abend für Abend, Wochenende für Wochenende, Urlaub für Urlaub mit dem anderen zusammen ist, der fühlt keine Spannung, keine Erwartungsfreude mehr. Vorübergehende Trennungen, Geschäftsreisen des Mannes, Urlaube der Frau mit ihrer Freundin, ein an unterschiedlichen Orten verbrachtes Wochenende steigern die Lust aneinander. Die Liebe wird dann wieder einmal phantastisch.

Schließlich ist das Sprechen das wahre Aphrodisiakum der Liebe. Wo ein Partner sprachlos wird, vor sich hin schweigt und die Kommunikation verweigert, versteppt schnell auch die Lust zwischen beiden. Wer mag schon mit einem Schellfisch ins Bett! Das Sprechen bedeutet, auf den anderen eingehen, die Beziehung zu pflegen, sich zu fetzen, sich abzugrenzen und dann auch wieder zu versöhnen. Sprechen ist ein unaufhörlicher Prozeß von Attraktion und Repulsion, Anziehung und Abstoßung. Sprechen heißt aber auch, sich gegenseitig seine Phantasien über die Lust mitzuteilen.

Warum schauen so viele Männer - und mittlerweile auch nicht wenige Frauen – Sexfilme im Fernsehen oder als Video an, wenn nicht aus dem Bedürfnis heraus, ihre geheimen Phantasien wenigstens einmal optisch zu erleben. Wenn wir dem anderen unsere geheimen Lüste mitteilen, geben wir ein Stück von uns preis, machen wir uns wahrnehmbar. Wir werden rasch feststellen, daß etwa unsere brave Frau ganz schön heiße Wünsche im

Kopf hat. Oder daß wir, pulsklopfend und mit Ängstlichkeit zunächst, etwas fürchterlich Aufregendes zum ersten Mal probieren.

Die Lust sollte immer auch spielerisch sein. Wir dürfen lachen und scherzen dabei, kichern und improvisieren. Witz bei der Lust bedeutet auch, von der sexuellen Leistungsideologie Abschied zu nehmen. Das ist eines der folgenreichsten Mißverständnisse, besonders von Männern. Sie meinen, nur Geschlechtsverkehr und Orgasmus machen die Sexualität aus. Gerade für Männer ist es oft eine Erlösung, nicht jedesmal in der Liebe den Orgasmus zuzusteuern, sondern einfach nur zu streicheln und sich streicheln zu lassen, sich einmal nur mit einem aromatischen Öl zu massieren, das eine Mal sich in der Liebe mehr hinzugeben, das andere Mal wie ein munterer Stier seine Geilheit auszutoben. Hinter Sex steckt gelegentlich ein Stück Wut und Überwältigung, bald kindliche Verwöhnungswünsche, bald anbetende Verehrung, bald Ekstase, lustvolle Obszönität und Lust zu Schreien. Über all das zu sprechen, das würde ich unter besonders gutem „Oralsex" verstehen.

Lust schreit nach Eigenverantwortlichkeit. Natürlich muß man sich in den Partner einfühlen, aber für seine Höhepunkte und die Art der Glückserfüllung ist jeder selbst verantwortlich. Nichts ist gefährlicher als die schmollende Parole „Du mußt doch ahnen, was ich will". Wofür haben wir die Sprache, wenn wir nicht präzis unsere Wünsche äußern! Wie soll ein Mann wissen, wie seine Frau am besten zu befriedigen ist, oder daß sie seine altmodische Unterwäsche aus dem Kriegswinter 44/45 anödet! Wie soll eine Frau, sagen wir einmal, ahnen, daß ihr Mann weibliche Lederdessous, schwarze Strapse, oder eine gelegentlich an die Schmerzgrenze gehende „harte Behandlung" von ihr ersehnt.

Wenn Du, lieber Leser, als Mann Schwierigkeiten mit Deiner Erektionsfähigkeit oder mit Deiner Erektionsdauer hast, dann gibt es keinen anderen Weg, als dies Deiner Frau mitzuteilen. Frauen reagieren darauf fast immer einfühlsam und verständnisvoll. Sie denken gar nicht daran, wie der Mann argwöhnt, ihn für einen „Schlappschwanz" zu halten. Hier gilt es, die Partnerin in die Mitverantwortung zu nehmen. Genauso wichtig ist es aber auch für Dich, liebe Leserin, in den Wechseljahren, den Mann in Dein Problem einzuweihen, sofern Deine Scheide, wegen zunehmender Trockenheit, bei der Liebe schmerzt. Da muß ein geeignetes Gleitmittel her. Wenn sich Partner ohne viel Aufhebens solche Liebesdienste erweisen, wozu auch die manuelle Stimulation des erektionsschwachen Penis durch die Frau zählt, dann können sie sich ihrer gegenseitigen Dankbarkeit sicher sein. Daß älteren Frauen in den Wechseljahren von Gynäkologen und Internisten zunehmend Östrogen-Langzeittherapien verordnet werden, darf uns Männern spätestens nach einem Blick in den SPIEGEL 27/1995 nicht mehr unberührt lassen. Das Hamburger Magazin warnt nämlich: „Daß die Vorbehalte mancher Frauen, die ohne viel Aufhebens um gelegentliche Beschwerden durch die Menopause kommen, nicht ganz grundlos sind, zeigten jetzt Untersuchungen in den USA: Eine Studie mit 122 000 Krankenschwestern, die im *New England Journal of Medicine* veröffentlicht wurde, ermittelte ein höheres Brustkrebsrisiko bei Frauen. Ob die Pille Östrogen pur enthielt oder – wie in deutschen Präparaten üblich – mit Gestagen kombiniert war, machte dabei keinen Unterschied".

Erotische Kultur ist darüber hinaus das A und O abwechslungsreicher Lust. Wir können uns nicht alle Phantasien aus den Rippen saugen. Hast Du, lieber Leser, liebe Leserin, schon einmal ein so wundervolles literarisches Erotikon wie etwa Boccaccios Hundert-Geschichten-Sammlung „Dekamerone", den offenherzigen altchinesischen Sittenspiegel „Ding Ping Meh", die erotischen Geständnisse der Anaïs Nin oder die Henry Millers gelesen? Oder eines der erotischen Jahrbücher aus dem Tübinger Konkursbuchverlag? Kennst Du kultivierte erotische Filme? Hast Du den Mut, einmal einen Erotik-Shop zu betreten?

Wenn wir es lernen, uns selbst zu erotisieren, dann vermögen wir mit unserer Vorstellungskraft zu zaubern. Gleichgültig, ob wir über fünfzig, sechzig oder siebzig sind, ob wir an Diabetes, Rheuma oder Arthrose leiden, wir machen den Sex zu unserem ureigenen Phantasiemodell. In ihrem wundervollen Report „Verschwiegene Lust" (Kiepenheuer & Witsch) läßt die österreichische Journalistin Renate Daimler Frauen über sechzig von Liebe und Sexualität erzählen. Wie sagt da eine Frau so schön: „Man bereut nicht die Sünden, die man begangen hat, sondern beweint die, die man versäumt hat."

Der Frankfurter Psychotherapeut Lukas Michael Moeller konstatiert: „Die ganze Beziehung ist eine erotische Zone." Tue ich etwas für diese Zone der Hormone und Phantasien?

Wann habe ich mich zum letzten Mal mit meinem Partner über unsere Sinnlichkeit und intimen Wünsche unterhalten? Wann habe ich im Bett gelacht? Wann haben wir mit unserer Sexualität wie junge Hunde herumgespielt? Richte ich mich nach irgendwelchen idiotischen Normen, wie mann, wie frau, sein soll? Liege ich als ein passiver Faulpelz platt wie eine Flunder im Bett? Wann habe ich mich selbst zum letzten Mal lüstern nackt im Spiegel angeschaut? Wie wichtig sind mir Lusterlebnisse mit meinem Partner? Ist zur Lust und Bummelei überhaupt noch Platz in meinem Leben, oder verplane ich Werktage wie Sonntage? Sind mir andere Dinge viel wichtiger? Schone ich meinen Partner so hingebungsvoll, daß bei diesem Kuschelkurs gar keine wilde Sexualität mehr explodieren kann? Bin ich vielleicht insgeheim sauer auf die Emanzipation meiner Frau? Bin ich eifersüchtig auf die männlichen Unternehmungen meines Partners? Habe ich nur den Orgasmus und keine Zärtlichkeit im Kopf? Komme ich jeden Abend gleich grau und zu Tode erschöpft nach Hause? Ist mir das Glas Bier am Abend wichtiger, als meine Frau zu küssen? Ist mir ein gebügeltes Hemd wichtiger, als meinen Mann zu umarmen? „Der nächtliche Beischlaf", sagte eine Frau einmal in einer meiner

Selbsterfahrungsgruppen, „beginnt mit dem ersten Kuß beim Heimkommen."

Fragen über Fragen. Die Lust-Killer lauern überall. Stecke ich bis zur Gurgel in überholten Moralvorstellungen? Bin ich bigott? Lasse ich auch einmal, wie es eine Frau in einer anderen Gruppe so hübsch formulierte, „das Schweinchen in mir" heraus? Ein Mann aus dem Schwabenlande gestand mir einmal verschämt, er wünsche sich seine Frau „ein bissele versaut". Der Bereich erotischer Kultur ist, so scheint es, weitgehend noch ein Entwicklungsland. Gehen wir daran, eine erotische Kultur für uns aufzubauen!

Nietzsche sagt: „Der Kampf um Lust ist der Kampf um das Leben." Was für ein gescheiter Satz! Stirbt die Lust, so laufen wir mitten im Leben wie „Grufties" und „Zombies" tot durch die Welt. Das Leben ist viel zu kostbar, als daß wir die Lust versäumen dürften. Die Lust ist mit und neben der Liebe eine der stärksten Bindemittel unter Menschen. Unsere Lust ist der große Gegenpart des Todes.

„Siehe nur, der Winter ist dahin", heißt es im „Hohelied" des Alten Testaments, „fort ist der Regen. Die Blumen erscheinen im Lande, die Zeit des Singens ist da, und das Gurren der Turteltaube hebt an. Am Feigenbaum röten sich die Früchte, die Reben blühen und duften – auf, meine Freundin, meine Schöne, und komm!" Und: „Bis der Morgenwind weht und die Schatten fliehen, komm her, mein Geliebter, tu's der Gazelle gleich oder dem jungen Hirsch auf den duftenden Bergen."

Die Sache mit dem Tod

> *„Der Tod ist nichts Schreckliches. Nur die fürchterliche Vorstellung vom Tode macht ihn furchtbar."*
>
> *Epiktet*

Ich rief am Anfang dieses Buches die Warnung Carl Gustav Jungs in Erinnerung: „Wir können den Nachmittag des Lebens nicht aus demselben Programm leben wie den Morgen, denn was am Morgen viel ist, wird am Abend wenig sein, und was am Morgen wahr ist, wird am Abend unwahr sein." Jung meinte, für den jugendlichen Menschen sei es eher eine Gefährdung, zuviel mit sich beschäftigt zu sein, „für den alternden Menschen ist es eine Pflicht und eine Notwendigkeit, seinem Selbst ernsthaft Betrachtung zu widmen". In seinem 1930 gehaltenen Vortrag „Die Lebenswende" definierte der Schweizer Psychologe, wenn man so will, das Leben vom Tode her: „Ich bin als Arzt überzeugt, daß es sozusagen hygienischer ist, im Tod ein Ziel zu erblicken, nach dem gestrebt werden sollte, und daß das Sträuben dagegen etwas Ungesundes und Abnormes ist, denn es beraubt die zweite Lebenshälfte ihres Ziels."

Im Tod ein Ziel zu erblicken, das heißt jedoch, die gesamte Denkrichtung des Abendlandes der letzten Jahrhunderte umzukehren. Das „Projekt Moderne", wie es die großen Denker seit der Zeit der Renaissance und des erstarkenden Bürgertums seit dem 16. und 17. Jahrhundert entwickelten, richtete sich auf die totale Beherrschbarkeit und Vernutzung der Natur im Dienste der Wissenschaft und des unendlichen Fortschrittes. Ob Galilei oder Newton, die Entdecker des modernen kosmischen Weltbildes und der Mechanik des Himmels, ob der englische Arzt Harvey, der Entdecker des menschlichen Blutkreislaufes, oder Montesquieu, der Theoretiker der bürgerlichen Gewaltenteilung, ob Linné, der Systematiker der Pflanzenfamilien, ob italienische Bänker mit der Erfindung des bargeldlosen Geldverkehrs oder Bergwerksingenieure, ob Mathematiker oder Philosophen wie Hobbes, Locke, Descartes, Leibniz oder Voltaire – sie alle betrieben das „Projekt Moderne": Mit dem Licht der Aufklärung suchten sie den Erdball taghell auszuleuchten und die Geheimnisse der Scholastik und des dunklen Mittelalters restlos aufzuhellen. Sie führten einen Siegeszug des Wissens und trugen zur Humanisierung der Neuzeit bei; sie wollten der Not, dem Hunger, der Unwissenheit den Garaus machen, ja sie meinten, wie nicht wenige Forscher unserer Tage, die Krankheiten selbst und damit möglicherweise den Tod selbst zu überwinden.

Wenn heute Menschen allen Ernstes ihren Leichnam einfrieren und damit für eine vermeintlich künftige wissenschaftliche Auferstehung präparieren lassen, so hat die Rebellion gegen den Tod schon vor Jahrhunderten begonnen. Der französische Philosoph René Descartes, gestorben 1654, also sechs Jahre nach dem Ende des 30jährigen

Krieges, markiert besonders jene geistesgeschicht-
liche Zäsur, nach der der Tod nicht mehr im Sinn
der Bibel verstanden und gottergeben hinge-
nommen wurde („Erde bist du, und zur Erde mußt
du zurück" – 1. Mos. 3, 19), sondern zunehmend
als ein – zu überwindender – Anachronismus
galt.

Wie das? René Descartes teilt die Welt philosophisch in zwei Seinsweisen, die „res cogitans" und
die „res extensa". Die „res cogitans", die denkende
Sache, stellt den Bereich des Bewußtseins, des Geistigen dar. Die „res extensa", die ausgedehnte
Sache, ist die Welt der faßbaren, greifbaren Dinge
und Körper. Im Sinne des bürgerlichen Fortschrittes und der Gestaltung der Gesellschaft und Natur
konzentriert Descartes sein Interesse vornehmlich
auf die Welt der Dinge, die „res extensa". Die scho-
lastische Spekulation („wieviel Engel auf der Spitze
einer Nadel sitzen können") lehnt der französische
Denker als unwissenschaftlich ab. Descartes legt
hohen Wert auf eine durchsichtige wissenschaftliche Methode des Denkens, die logisch-mathemati-
sche Beweisführung der Moderne. Den menschlichen Leib definiert Descartes strikt rationalistisch
und mechanistisch. Er spricht von der „Maschine
unseres Körpers". Wenn der menschliche Körper
eine Maschine ist, so ist er folglich nach der Analo-
gie einer Maschine zu verstehen, zu zerlegen und
auch wieder zu reparieren. Der Körper ist zu messen, er ist vor allem mit den Wissenschaften der
Physik und Chemie, der Hydraulik, der Mathema-
tik, der Statik etc. zu begreifen.

212

Das war eine gewaltige Revolution des Denkens, verbannte sie doch den Irrationalismus aus der Betrachtungsweise des menschlichen Körpers. Nach Descartes konnte man schwerlich mehr bei der Behandlung eines Patienten von „Elementargeistern" oder „Dämonen" sprechen. Die gewaltigen Fortschritte der Medizin bis zur Gegenwart basieren auf diesem nüchternen Denkansatz des Kausalprinzips, der empirischen Überprüfung, der Anatomie und der Obduktion des Menschen. Der menschliche Blutkreislauf, so lehrte Descartes, der selbst sehr viele Schweine und Hühner sezierte, folgte den Gesetzen der Hydraulik. Das Herz ist eine Pumpe, die Geschwindigkeit des Blutkreislaufes hängt von der Enge und Elastizität der Blutbahnen ab. Wie man die Kunst der Felderbewässerung und des Wasserantriebs der Mühlen wissenschaftlich erforschen und praktisch durchführen kann – der Emigrant Descartes lebte im Holland der Wasserwirtschaft –, so läßt sich der Körper als eine logische Maschine rekonstruieren und, denkt man an die heutige Transplantationschirurgie, auch partiell ersetzen.

Descartes erforschte die Körpermaschine losgelöst vom Geist. Dem Geist ordnete er einen abgetrennten Platz zu (die Zirbeldrüse übernahm die psychophysische Vermittlung!). Dieser große Philosoph der Moderne verbannte die Seele aus dem Leib. Alle Lebensvorgänge unterwarf er der bedingungslosen Herrschaft des Kausalitätsprinzips. Drei Jahrhunderte später konnte ein so bedeutender Wissenschaftler wie der Zellularpathologe Virchow ebenso folgerichtig wie einseitig erklären, er habe Tausende von Körpern seziert und nie eine Seele gefunden. Die Medizin verlor seit Descartes zunehmend den Menschen aus dem Auge, sie verlor ihre Ganzheitlichkeit und ihre Geistigkeit. Die früheren Hilfswissenschaften Chemie und Physik übernahmen eine einseitige Führungsrolle. Der Anteil der Psyche an unserer Gesundheit wurde von der Medizin verdrängt, auch wenn ein Sigmund Freud und seine Nachfolger bis hin zu dem Psychosomatiker Victor von Weizsäcker den Leib-Seele-Zusammenhang wieder ans Licht rückten.

Die Medizin konzentriert sich überwiegend auf die chemischen und physikalischen Prozesse, auf die patho-physiologischen Abläufe bei Krankheiten. Folgerichtig gehen die Nobelpreise auch nicht an „Seelenärzte", sonden an Mediziner der biochemischen Grundlagenforschung. Die Medizin reduziert sich auf ihre einseitigen Hilfswissenschaften. Die metrische Medizin triumphiert, das heißt, nur was wissenschaftlich im Labor oder im EKG meßbar ist, hat Dignität, wissenschaftliche Würde. Wichtige Elemente der Krankheit wie die Subjektivität und Biographie, die Lebenskrise eines Patienten, geraten aus dem Blickfeld ärztlichen Tuns.

Gerade in der Medizin, bei Ärzten wie bei Laien, dominiert der fast kindliche Glaube an die vollkommene technische Machbarkeit von Gesundheit bzw. Wiederherstellung der Gesundheit. Einem Weltkrieg vergleichbar führt die Medizin den Kampf zur Beseitigung jeglicher Krankheit. Mit

Medikamenten und Implantaten, kühnen Operationen und immens teuren operativen Einsätzen soll die Krankheit beseitigt und letztlich dem Sterben Paroli geboten werden. Ob Mikrochirurgie, Transplantationschirurgie oder Genmanipulation, ob Chemotherapie, Laser- oder Kobaltbombe – die Medizin nährt unsere Illusion, alle Krankheiten als eine Art lästigen „Defekt" nach Art verrußter Zündkerzen beseitigen zu können.

Wir spüren jedoch, Leid und Tod läßt sich nicht aus unserem Leben wegdenken. Der Mensch ist, wie die Existentialisten Sartre und Camus sagen, in diese Welt hineingeworfen als eine armselige, nackte Kreatur.

Die Sache mit der Krankheit und mit dem Tod können wir nicht so einfach wegstecken. Wir müssen uns ihr stellen. Es ist dabei, so scheint mir, nicht entscheidend, welche individuelle Antwort wir finden – darüber werden wir nie Einigkeit unter uns Menschen herstellen –, sondern daß wir den vernichtenden Aspekt des Todes, seine ungeheuerliche Provokation, überhaupt in unser Leben hineinnehmen!

Wir müssen die Beunruhigung, den Zweifel, die Ratlosigkeit, die die Sache mit dem Tod in uns auslöst, aushalten. Wir dürfen nicht einfach so tun, als ob es kein Problem gäbe. Leben lernen, so sagte schon der Philosoph Seneca, der Zeitgenosse Jesu, heißt sterben lernen. Und sterben lernen heißt leben lernen. Ich möchte Dich, lieber Leser, im folgenden einmal mit acht klassischen Texten konfrontieren – von drei Theologen, einer Dichterin

215

und vier Dichtern –, die mich, jeder auf seine Art, stark berühren. Die Texte sind voller Gegensätzlichkeit. Je nachdem, wo man weltanschaulich, religiös und philosophisch steht, mag einen das eine oder andere Gedicht provozieren. Zu verletzen ist nicht meine Absicht. Mir erscheint es einfach wichtig, die Spannweite der Auffassungen über den Tod, über Gott oder Nicht-Gott, über ein Ende des Lebens als definitiven Schluß oder als jenseitige Hoffnung auszuhalten.

Anstatt sich gnadenlos zu bekämpfen und auf einer unfruchtbaren Rechthaberei zu beharren, können so der religiöse Mensch und der freisinnige Humanist voneinander lernen, der Pessimist und der Optimist etwas von der Wahrheit des anderen ahnen. Müssen wir Menschen uns alle auf eine Weltanschauung einigen? Ist es nicht viel schöner, den Reichtum unserer Meinungen, Lebenserfahrungen und Gesinnungen zu akzeptieren und als schöpferische Leistung der Menschheit zu genießen?

✳

Als einen Feind bezeichnete Martin Luther den Tod und sprach dabei ganz ernsthaft vom „Teufel". Die Sicht des Kirchenreformators ist eher düster. Er mahnt uns, den Tod nicht auszublenden. Jeder, sagt Luther, stirbt seinen ureigenen Tod. 1522 schreibt der Theologe: „Wir sind alle zum Tode gefordert, und es wird keiner für den andern sterben, sondern jeder muß in eigener Person geharnischt und gerüstet sein, mit dem Tode zu kämpfen. Wir können wohl einer den andern trösten und zu Geduld, Streit und Kampf ermahnen, aber kämpfen und streiten können wir nicht für ihn, sondern es muß jeder selbst auf seiner Schanze stehen und sich mit den Feinden, dem Teufel und Tode messen, allein mit ihm im Kampf liegen."

*

Dreihundert Jahre später gewinnt der Romantiker Joseph von Eichendorff seiner religiösen Weltsicht Tröstung ab. 1837 gelingt ihm ein ergreifendes Gedicht:

Ergebung

Es wandelt, was wir schauen,
Tag sinkt ins Abendrot,
Die Lust hat eignes Grauen,
Und alles hat den Tod.

Ins Leben schleicht das Leiden
Sich heimlich wie ein Dieb,
Wir alle müssen scheiden
Von allem, was uns lieb.

Was gäb' es doch auf Erden,
Wer hielt' den Jammer aus,
Wer möcht' geboren werden,
Hieltst du nicht droben haus!

Du bist's, der, was wir bauen,
Mild über uns zerbricht,
Daß wir den Himmel schauen –
Darum so klag' ich nicht.

*

Zweifel an dieser versöhnlichen, göttlichen Weltsicht äußert vorsichtig die Lyrikerin Marie Luise Kaschnitz im Jahre 1973. Sicher ist für die Lyrikerin nur unser Verfall und der Schmerz, den wir mit unserem Gehen auslösen:

Vielleicht

Vielleicht sind wir doch nicht
Sind wir nicht Gottes Kinder

Vielleicht ist da keine
Ist keine Himmelsleiter

Vielleicht sitzt keiner am Ende
Über uns zu Gericht.

Eines ist sicher:
Wir fallen, zerfallen
Unsere Hände fallen ab
Unsere Wangen
Die Augen zuerst

Eines Tages wird nichts mehr da sein
Von dieser so und so
Gearteten Person

Nur ein Schmerz in der Magengrube
Eines der sie geliebt.

✳

Mit einer dezidiert irdischen, säkularen Sicht konfrontiert der Berliner Lyriker und Humanist Heinz Kahlau den Leser. Sein Gedicht „Kein Gott" ist

218

hart und ungemütlich, das Jahrhundert der Konzentrationslager, den Kommunismus und den Kapitalismus reflektierend; philosophisch gesehen ist das Poem materialistisch-existentialistisch. Wie kaum ein anderer Dichter registriert Kahlau die Janusköpfigkeit der Welt, ihre Grausamkeit und ihre Schönheit, die Unmenschen und die Menschen, die kleinen Gewißheiten und die großen Zweifel. In seinem packenden Sinngedicht schreibt er:

Kein Gott

1

Ich lebe jetzt. Mein Tod ist zu erwarten.
Danach vergehe ich so schnell wie Gras.
Von mir bleibt nur, was andere verwenden
zu ihrem Nutzen und zu ihrem Spaß.

Gedanken, Verse, ein paar Gegenstände,
durch mich entstanden, bleiben in der Welt.
Für eine Weile kann man sie noch brauchen,
bis das, was keinem nützlich ist, zerfällt.

2

Ich habe keinen Gott. Für alle Taten,
die ich begehe, muß ich Täter sein.
Kein Weltenrichter wartet, mich zu strafen –
für jeden Irrtum steh ich selber ein.

Ich habe keinen Vater, der mich tröstet.
Es gibt kein Wort, das unumstößlich ist.
Mich stützt kein Glaube. Keine weise Fügung
besitzt ein Maß, das meinen Nutzen mißt.

Ich denke selbst. Ich habe keine Rettung vor
meinen Zweifeln, wenn die Furcht mich schreckt.
Ich habe die Grenzen meiner Höhn und Tiefen
in meinen eigenen Träumen abgesteckt.

3

Ich hänge ab von der Natur, von Menschen
von allen Kräften für und gegen mich.
Die Welt, in der ich bin, ist gut und böse,
doch weiß ich – alles um mich ändert sich.

Nichts bleibt sich gleich. Wer wagt, sich
*   einzurichten,*
der richtet sich für Augenblicke ein.
In einer Welt, bestehend aus Bewegung,
da kann ich selber nur Bewegung sein.

4

Ich fürchte Menschen. Was sind Eis, was Fluten,
was Pest und Feuer gegen die Gewalt
des Untiers Mensch? Die Schreie seiner Opfer
sind, seit es Menschen gibt, noch nie verhallt.

Ich liebe Menschen mehr als alle Tiere.
Sie suchen unaufhörlich einen Sinn
für ihr Vorhandensein, verstrickt in Irrtum.
Es macht mich froh, daß ich beteiligt bin.

5

Ich bin allein. Für kurze Augenblicke
bin ich Geliebter, Bruder oder Freund.
Um eine Arbeit, eine Lust zu machen,
wenn sich ein Weg mit meinem Weg vereint.

Auf dieser Erde leben Ungezählte,
aus denen gleiche Furcht und Hoffnung spricht.
Ich weiß um sie. In glücklichen Sekunden
seh' ich mitunter einem ins Gesicht.

6

Da ist kein Mensch und keine Macht
  vorhanden,
nichts, das mich ganz für sich gewinnen kann.
Ich füge mich der Stärke und der Schwäche.
Nur wer mich tötet, hält mein Suchen an.

Ich bin mißbrauchbar, ich bin zu gebrauchen,
denn ich muß sein und suche meinen Wert.
Ich will mich nähren, ich muß mich behausen,
und über Preise wurde ich belehrt.

7

Solange ich lebe, arbeite und liebe,
solange sich mein Geist, mein Blut noch regt,
bin ich dem Wesen meiner Zeit verhaftet,
  denn mich bewegt, was meine Zeit bewegt.

Ich denke noch und bin noch zu belehren.
Ich suche zweifelnd weiter nach dem Sinn,

der uns zu Menschen macht, wer will mich
  hindern,
die Welt zu lieben, bis ich nicht mehr bin.

*

Wie ganz anders wiederum und von paradoxaler
Gottesgeborgenheit erfüllt das am Jahresende 1944
in der Todeszelle verfaßte Credo des von den
Nazis erhängten Theologen der Bekennenden Kirche, Dietrich Bonhoeffer an seine Verlobte:

Von guten Mächten treu und still umgeben,
behütet und getröstet wunderbar,
so will ich diese Tage mit euch leben
und mit euch gehen in ein neues Jahr.

Noch will das alte unsre Herzen quälen,
noch drückt uns böser Tage schwere Last,
ach, Herr, gib unsern aufgescheuchten Seelen
das Heil, für das du uns bereitet hast.

Und reichst du uns den schweren Kelch,
  den bittern
des Leids, gefüllt bis an den höchsten Rand,
so nehmen wir ihn dankbar ohne Zittern
aus deiner guten und geliebten Hand.

Doch willst du uns noch einmal Freude
  schenken
an dieser Welt und ihrer Sonne Glanz,
dann wolln wir des Vergangenen gedenken,
und dann gehört dir unser Leben ganz.

*Laß warm und still die Kerzen heute flammen,
die du in unsre Dunkelheit gebracht,
führ, wenn es sein kann, wieder uns zusammen.
Wir wissen es, dein Licht scheint in der Nacht.*

*Wenn sich die Stille nun tief um uns breitet,
so laß uns hören jenen vollen Klang
der Welt, die unsichtbar sich um uns weitet,
all deiner Kinder hohen Lobgesang.*

*Von guten Mächten wunderbar geborgen,
erwarten wir getrost, was kommen mag.
Gott ist mit uns am Abend und am Morgen
und ganz gewiß an jedem neuen Tag.*

*

Theodor Storm schließlich sieht den Tod als das radikale Andere, das, wenn es sich in unserem Leben anmeldet, die Welt seltsam verfremdet und unwirklich werden läßt. In äußerster dichterischer Verknappung schildert Storm in einem Gedicht von 1864 die stille Explosion des Sterbens:

Beginn des Endes

*Ein Punkt nur ist es, kaum ein Schmerz,
nur ein Gefühl, empfunden eben;
und dennoch spricht es stets darein,
und dennoch stört es dich zu leben.*

Wenn du es andern klagen willst,
so kannst du's nicht in Worte fassen.
Du sagst dir selber: „Es ist nichts!"
Und dennoch will es dich nicht lassen.

So seltsam fremd wird dir die Welt,
und leis verläßt dich alles Hoffen,
bis du es endlich, endlich weißt,
daß dich des Todes Pfeil getroffen.

*

Die alten Griechen bezeichneten den Tod als den
„Bruder des Schlafes". Sie feierten den schönen
Tod als das würdige Finale eines gelungenen
Lebens. Gern stellten sie den Tod als geflügelten
Jüngling dar. Er trägt den Namen Thanathos und
ist der Bruder des Hypnos, des Schlafes und der
Sohn der Nyx, der Nacht. Die Bildhauer stellten
Thanathos mit einer nach unten gewandten erlo-
schenen Fackel dar. Viele der griechischen Denker
und Dichter glaubten an das Weiterleben der Toten
als Schatten. Während Zeus, der höchste Gott, das
irdische Reich beherrscht, regiert sein Bruder
Poseidon das Meer und sein dritter Bruder Hades
das Reich der Toten. Dieses Reich liegt unter der
Erde. Es wird von dem dreiköpfigen Hund Ker-
beros gehütet. Die Richter der Unterwelt schicken
die guten Seelen auf ewig nach Eleusis, wo jeder
Tote die Lieblingstätigkeit seiner irdischen Zeit
fortsetzen darf. Die bösen Seelen verdammen sie in

den Tartaros zu sinnloser Arbeit und Foltern. Hier taucht im Spätgriechentum erstmals das Vorbild für den christlichen Mythos von „Himmel" und „Hölle" auf.

Die Griechen sind es denn auch, die den Gedanken der Erlösung durch den Tod lehren. Über 2000 Jahre später formuliert Hermann Hesse in einem berühmten Gedicht von 1918 diesen Gedanken neu:

Bruder Tod

Auch zu mir kommst du einmal,
Du vergißt mich nicht,
Und zu Ende ist die Qual,
Und die Kette bricht.

Noch erscheinst du fremd und fern,
Lieber Bruder Tod,
Stehest als ein kühler Stern
Über meiner Not.

Aber einmal wirst du nah
Und voll Flammen sein –
Komm, Geliebter, ich bin da,
Nimm mich, ich bin dein.

✳

Der Mensch ist das einzige Lebewesen, das sich bewußt ist, daß es sterben muß. Gleichzeitig weiß keiner von uns, was nach dem Tod sich ereignet. Keiner von uns ist „drüben" gewesen. Auch die

225

sogenannten „nachtodlichen" Erfahrungen sind nicht die Erlebnisse von Toten, sondern von Sterbenden, also von Lebenden. Es bleibt wohl bei der demütigen Einsicht Immanuel Kants: „Alle unsere Schlüsse, die uns über das Feld möglicher Erfahrung hinausführen wollen, sind trüglich und grundlos."

„Wir sind nur Gast auf Erden", sagt der alte Reim, „Und wandern ohne Ruh / mit mancherlei Beschwerden / der ewigen Heimat zu." Ein Mann wie der große jüdische Soziologe Norbert Elias hält dem entgegen: „Der Tod verbirgt kein Geheimnis. Er öffnet keine Tür. Er ist das Ende eines Menschen. Was von ihm überlebt ist das, was er anderen Menschen weitergegeben hat, was in ihrer Erinnerung bleibt" (Über die Einsamkeit der Sterbenden, Suhrkamp). „Machet nicht viel Federlesen", schrieb Goethe, „Schreibt auf meinen Leichenstein: / Dieser ist ein Mensch gewesen / Und das heißt ein Kämpfer sein." Der gleiche Dichter notiert aber auch: „Kein Wesen kann zu nichts zerfallen / Das Ewige regt sich fort in allen."

Der freigelassene Sklave und Philosoph Epiktet, der im 1. Jahrhundert nach Christus lebte, registrierte: „Der Tod ist nichts Schreckliches. Nur die fürchterliche Vorstellung vom Tode macht ihn furchtbar." Fünfhundert Jahre zuvor hat sein Denkerkollege Epikur die Menschen bereits getröstet: „Warum sollte man Angst vor dem Tode haben? Solange wir sind, ist der Tod nicht da, und sobald er da ist, sind wir nicht mehr."

Wie immer es auch mit der Sache des Todes steht,

eines ist sicher, wir alle wünschen uns einen schönen Tod. Der Schweizer Theologe und Lyriker Kurt Marti faßt diesen Wunsch in schlichte Worte:

wunsch
den jedermann teilt
gebet von gebetlosen auch:
daß der tod uns einst treffe
plötzlich und sanft
von einer sekunde zur andern

leichter behender
wie gemsen im fels
wie fische im meer
ließe sich leben
wüßten wir diesen
wunsch uns gewährt

Nichts nützt uns bei der Sache mit dem Tod mehr als Klarheit und Illusionslosigkeit. Auch der Wunsch nach einem schönen Tod ist eine Hoffnung. Ob sie erfüllbar ist, wissen wir nicht. In einem aufwühlenden Buch hat der amerikanische Chirurg und Medizinhistoriker Sherwin B. Nuland schonungslos über die Realität des Sterbens aus medizinischer Sicht geschrieben. In seinem Werk „Wie wir sterben. Ein Ende in Würde?" (Kindler) kritisiert er: „Die moderne Medizin entwickelt ständig neue Therapien und Medikamente, so daß die Waage immer mehr zugunsten eines längeren Lebens ausschlägt. Leider hat die Medizin uns auch in der irrigen Haltung bestärkt, die Gewißheit unseres Sterbens zu leugnen."

Der Tod erscheint derart, rügt Nuland, als erbitterter Feind, über den auf Biegen und Brechen der Sieg errungen werden muß. Alle Waffen der High-Tech-Medizin werden mobilisiert. Oder aber wir klammern uns, nicht weniger hilflos, an die gußeiserne Formel vom „würdigen Tod". Nuland wörtlich: „Ich habe nur selten Würde beim Sterben erlebt. Das Bemühen um Würde scheitert, wenn der Körper uns im Stich läßt. In seltenen, sogar höchst seltenen Fällen mögen einmalige Umstände dafür sorgen, daß ein Mensch mit ausgeprägter Persönlichkeit sein Leben in Würde beschließt ... Nur wenn wir offen über das sprechen, was beim Sterben vor sich geht, können wir auch seinen schrecklichen Aspekten begegnen. Nur wenn wir die volle Wahrheit kennen und auf sie gefaßt sind, können wir uns von der Furcht vor der Terra incognita des Todes befreien, die uns sonst zu Selbstbetrug und Enttäuschung führt.

Nuland registriert unsentimental und genau: „Kreislaufstillstand, mangelnde Sauerstoffversorgung der Organe, Aussetzen der Gehirntätigkeit, Absterben einzelner Organe und Erlöschen vitaler Zentralfunktionen: Über diese Waffen verfügt jeder der apokalyptischen Reiter des Todes. Wenn wir sie kennen, werden wir auch besser verstehen, wie wir an Krankheiten sterben."

Die „ars moriendi", die Kunst des Sterbens zu lernen, heißt den Tod als einen „Kunstgriff der Natur, um Leben zu schaffen" (Goethe) zu verstehen. Nuland findet für die biologisch-moralische Notwendigkeit des Todes hinreißende Sätze: „Eine realistische Einschätzung muß auch der Tatsache Rechnung tragen, daß die Lebensspanne, die jedem von uns auf dieser Welt beschieden ist, mit den Erfordernissen des Weiterbestands der Gattung in Einklang steht. Die Menschheit bleibt trotz ihrer herausragenden Stellung im Vergleich zu den anderen zoologischen und biologischen Lebensformen Teil eines übergreifenden Ökosystems. Die Natur macht keine Unterschiede, wir müssen sterben, damit die Gattung weiterleben kann. Wir nehmen am Wunder des Lebens teil, weil Milliarden und Abermilliarden Lebewesen uns den Weg bereitet haben und dann gestorben sind – gewissermaßen für uns. Auch wir sterben, damit andere leben können." Und: „Die Tragödie des Individuums wird auf der Waage der Natur zum Triumph der überlebenden Gattung." Vor fast 3000 Jahren hat ein biblischer Psalmist den Gedanken der ewigen Wiederkehr des Gleichen in der Natur mit poetischem Realismus so ausgedrückt. „Des Menschen Tage sind wie das Gras; er blüht wie eine Blume des Feldes: Wenn der Wind darüber geht, so ist sie dahin, und ihre Stätte weiß nichts mehr von ihr" (Ps. 103, 15–16).

Sherwin B. Nuland nimmt den Tod hinein in das ewige Werden und Vergehen: „In Wirklichkeit aber ist der Tod keine Konfrontation. Er ist nur ein Ereignis in jener Reihe fortlaufender Rhythmen, die der Natur unterlegt sind. Nicht der Tod, sondern die Krankheit ist der eigentliche Feind des Lebens, sie ist die bösartige Macht, die bekämpft werden muß. Der Tod ist das Schweigen der Waffen, wenn nach erbittertem Kampf die Schlacht verloren ist." Nuland plädiert dafür, den Tod der nüchtern-sterilen Atmosphäre der Kliniken und Intensivstationen in die Heimat der Familie und vertrauten Wohnung zu verlegen. Sterben ist meist schwer, sagt Nuland, aber wir sollten alles tun, einem geliebten Menschen die Möglichkeit zu geben, „die Welt in Ruhe und ohne äußere Einmischung verlassen zu können".

Laßt das Lügen, wenn die Krankheiten bereits deutlich Todeszüge annehmen, appelliert Nuland an uns: „Selbst die Konfrontation mit der Krankheit sollte in dem klaren Bewußtsein unternommen werden, daß viele Krankheiten des Menschen lediglich geeignete Wege für jene letzte Reise sind, mit der jeder von uns in die physische und vielleicht auch geistige Nichtexistenz zurückkehrt, die wir bei unserer Empfängnis verlassen haben."

Faszination des Todes! Der stoische Philosoph auf dem römischen Kaiserthron, Marc Aurel, hat sich schon vor 2000 Jahren die Frage gestellt, wohin unsere irdische Hinterlassenschaft nach dem Tode geht. Er meinte: „Wie können die Seelen in der uns umgebenden Luft alle Platz finden, wenn sie von Ewigkeit zu Ewigkeit fortleben? Nun, wie faßt denn die Erde die Leiber der Menschen, die seit Urzeiten bestattet werden? So wie die Erde nach kurzem Verweilen der Leichname im Grabe durch deren Umwandlung und Auflösung für andere Tote Raum schafft, so bleiben auch die Seelen, die in die Luft übergehen, nur einige Zeit bestehen. Dann verwandeln auch sie sich, verflüchtigen sich und gehen wieder in den schöpferischen Urgrund alles Seienden ein und machen auf diese Weise denen Platz, die nun in der Luft ihre Heimat finden."

Leben lernen heißt sterben lernen, sterben lernen heißt leben lernen – so haben es Sokrates und Cicero, Seneca und Montaigne uns gelehrt. Der philosophierende Edelmann Montaigne rügt 1571 unser stumpfes Verdrängen: „Das Ziel unserer Laufbahn ist der Tod: Er steht vor unseren Augen, ob wir wollen oder nicht; wenn er uns erschreckt, wie ist es möglich, ohne Schaudern einen Schritt vorwärts zu tun? Der Ausweg des gemeinen Haufens ist, nicht an ihn zu denken. Aber aus welch viehischem Stumpfsinn kann ihm eine so sture Verblendung kommen?" Offensichtlich, so beobachtet Montaigne, stellt der Tod eine Kränkung unseres Ego dar. Eine Welt ohne uns – das darf nicht sein. Montaigne hält dem entgegen: „Wie unsere Geburt für uns die Geburt aller Dinge war, so wird unser Tod uns der Tod aller Dinge sein. Darum ist es dieselbe Narrheit, darüber zu klagen, daß wir in hundert Jahren nicht mehr leben werden, wie darüber, daß wir vor hundert Jahren noch nicht lebten."

Entscheidend ist nach dem französichen Denker nicht die Länge unseres Lebens, sondern ob wir es mit vollen Zügen, mit Lust und Verantwortungsbewußtsein gelebt haben oder ob wir einfach nur die Jahre vertrödelten: „Die Nützlichkeit des Lebens ist nicht in der Länge, sie ist im Gebrauch: Mancher hat lange gelebt, der doch wenig gelebt hat;

231

achtet darauf, solange ihr da seid. Es liegt an eurem Willen, nicht an der Zahl der Jahre, daß ihr genug gelebt habet."

Wer den Tod verdrängt, der bleibt Sklave seiner Geschäftigkeit und Verdrängung. Ein gutes Leben, das hoffe ich mir, ist wie ein langer, aufregender und anstrengender Tag. Der Tag hat mich müde gemacht, nun lege ich mich zum Schlafen nieder. Den Tod annehmen, heißt uns frei machen. Das Altern annehmen, heißt unsere Endlichkeit und Hinfälligkeit zu akzeptieren. Nicht mehr länger gegen das anzukämpfen, was ohnehin unvermeidlich ist. Auch um mich macht der Tod keinen Bogen. Auch ich unterliege den Gesetzen des Kosmos. Jede Katze, jeder Baum, jeder Planet, jeder Stern entsteht und stirbt. Auch unser schöner blauer Planet wird nach kosmischen Gesetzen eines Tages erkalten…

Die „Sache mit dem Tod" möchte ich mit Worten Montaignes beschließen, die zum Schönsten des menschlichen Denkens zählen: „Es ist ungewiß, wo der Tod uns erwartet; erwarten wir ihn überall. Die Besinnung auf den Tod ist Besinnung auf die Freiheit. Wer sterben gelernt hat, der hat das Dienen verlernt. Sterben zu wissen, befreit uns von aller Unterwerfung und allem Zwang."

Philosophie des Glücks

Das Leben ist eine Chance, nutze sie.
Das Leben ist Schönheit, bewundere sie.
Das Leben ist Seligkeit, genieße sie.
Das Leben ist ein Traum, mach daraus
*   Wirklichkeit.*
Das Leben ist eine Herausforderung,
*   stelle dich ihr.*
Das Leben ist eine Pflicht, erfülle sie.
Das Leben ist ein Spiel, spiele es.
Das Leben ist kostbar, geh sorgfältig damit um.
Das Leben ist Reichtum, bewahre ihn.
Das Leben ist Liebe, erfreue dich an ihr.
Das Leben ist Rätsel, durchdringe es.
Das Leben ist Versprechen, erfülle es.
Das Leben ist Traurigkeit, überwinde sie.
Das Leben ist eine Hymne, singe sie.
Das Leben ist ein Kampf, akzeptiere ihn.
Das Leben ist eine Tragödie, ringe mit ihr.
Das Leben ist ein Abenteuer, wage es.
Das Leben ist Glück, verdiene es.
Das Leben ist das Leben, verteidige es.

Mutter Teresa

Von Augustinus (354–430) stammt eine theologische Definition des Menschen, die ich für verhängnisvoll halte: „Omne bonum a deo, omne malum a homine." Alles Gute stammt von Gott, alles Schlechte vom Menschen. Damit degradiert der nordafrikanische Bischof und fanatische Verfolger von „Ungläubigen" und „Ketzern", den Menschen zu einem sündigen Wurm. Er spaltet das Gute und das Böse voneinander ab. Der gleiche Theologe bezeichnete uns auch als „Gottes Kinder". Heißt das, wir dürfen nicht wachsen, selbständig und mündig werden?

C. G. Jung erinnert uns daran, daß jeder Mensch zwischen Gut und Böse steht. Der Kampf zwischen beiden Prinzipien spielt sich in unserer Seele ab. Jeder von uns hat, wie wir im Kapitel über das Verdrängte in unserer Seele ausgeführt haben, wundervolle Eigenschaften, aber auch Geiz, Boshaftigkeit, Egoismus und Rücksichtslosigkeit in sich. Unser Böses dürfen wir nicht verdrängen, wir müssen es anschauen, respektieren, ernstnehmen. Auch das Böse muß, so paradox es klingt, Platz haben. Seelisch wachsen heißt auch immer „sündigen", Fehler machen.

Die Amtskirche hat uns einseitig zu „Sündern" gemacht und uns in die Dressur des Guten genommen. Wie sagte C. G. Jung sinngemäß so schön: „Wenn ich die Wahl hätte, so würde ich lieber ganz als gut sein." Auch die schwierigen Seiten gehören zu unserem Charakter, zu unserer Einzigartigkeit, zu unserem Menschsein. Ich brauche das Gefühl für meinen eigenen Wert – und nicht die amtskirchliche Abwertung. Deshalb kann der Tod niemals „Der Sünde Sold" sein. Er ist ein unausweichlicher Naturvorgang. Wir dürfen ihm fest ins Auge sehen. Der Philosoph Seneca hat das auf den knappen Nenner gebracht: „Wer nicht den Willen zum

Sterben hat, hat auch nicht den Willen zum Leben; denn das Leben ist uns nur unter der Bedingung des Todes verliehen worden. Auf ihn bewegt es sich zu. Daher ist es Torheit, sich vor ihm zu fürchten. Denn Dinge, die gewiß sind, erwartet man; nur vor Ungewissem fürchtet man sich." Zweitausend Jahre später würdigte Nietzsche den Tod als Stachel des Lebens noch positiver: „Durch die sichere Aussicht auf den Tod könnte jedem Leben ein köstlicher, wohlriechender Tropfen beigemengt sein."

„Die menschliche Psyche", hat Eugen Drewermann einmal gesagt, „ähnelt in ihrer Fähigkeit zu überleben manchen Wüstenblumen." Dies besagt doch, daß wir mit einer lebensfähigen Ausstattung in die Welt treten. Um mein Glück muß ich kämpfen. Immer neu muß ich mich den Fragen des Lebens stellen: Gleicht mein Seelenleben eher einer Wüste oder einer Blumenwiese? Kenne ich die „Angst, die es kostet, auszuhalten, ein Individuum zu sein" (Kierkegaard)? Habe ich den Mut, mich der Rätselhaftigkeit der Welt und meines endlichen Seins zu stellen? Wie gehe ich mit den Signaturen meiner Angst und Schmerzen, den Krisen und Krankheiten, um? Fürchte ich Änderung und Entwicklung? Wo liegt meine Freude?

Natürlich, und da hilft alles nichts, bleibt der Tod die größte Provokation unseres Lebens. In einem sechszeiligen Gedicht hat Erich Kästner diese Dialektik unserer Existenz lakonisch beim Namen genannt:

235

„Die zwei Gebote"

> *Liebe das Leben, und denk an den Tod!*
> *Tritt, wenn die Stunde da ist, stolz beiseite.*
> *Einmal leben zu müssen,*
> *heißt unser erstes Gebot.*
> *Nur einmal leben zu dürfen,*
> *lautet das zweite.*

Mein Glück zu finden und zu realisieren, heißt zunächst einmal, meinen Platz in dieser Welt als „homo faber", als arbeitender, gestaltender Mensch zu finden, zu akzeptieren.

Durch das Schöpferische meiner Arbeit erhebe ich mich über die bloße Natur, ich trete mit ihr in einen schöpferischen Dialog. Indem ich gestalte, helfe ich, eine ursprünglich unwirkliche Welt bewohnbar zu machen. Ich begreife und vermenschliche die Natur. In meiner schöpferischen Arbeit mache ich mich zugleich für andere sichtbar und wertvoll. Ich gehe im Arbeitsprozeß Beziehungen zu anderen Menschen ein. Ich forme und ich werde geformt. Dabei ist mein Leben kein starres Programm, sondern es fließt. Es ist immer wieder offen, aufregend, anstrengend, herausfordernd.

Zwang und Freiheit bedingen einander. Der im vorigen Kapitel genannte Arzt Sherwin B. Nuland sagt: „So unerbittlich das Gesetz der Natur auch sein mag, es macht andererseits jede Stunde unseres Lebens um so kostbarer. Für uns ergibt sich daraus die sittliche Forderung, daß das Leben nützlich und lohnend sein muß. Mit unserer Arbeit und unserer Freude, unseren Erfolgen und unseren Niederlagen sind wir in die fortschreitende Entwicklung der Gattung, ja der gesamten Natur eingebunden. Die Würde, die wir uns im Laufe unseres Lebens schaffen, kommt in dieselbe Waagschale wie die Würde, die wir uns verdienen, indem wir die Notwendigkeit des Todes anerkennen."

Die Ars moriendi, die Kunst des Sterbens, ist, so gesehen, eine Ars vivendi, eine Kunst des Lebens. Nuland: „Nicht in den letzten Wochen und Tagen entsteht das Vermächtnis unseres Lebens, sondern in den langen Jahrzehnten, die ihnen vorangegangen sind."

Wenn ich eine Philosphie des Glücks für mich gewinnen will, so muß ich zuerst das Lob der Vergänglichkeit bejahen. Thomas Mann hat diese Hymne der Endlichkeit gegen Ende seines Lebens als fast Achtzigjähriger in seinem humoristischen Roman „Felix Krull" in Worte gefaßt. Es ist die berühmte Stelle, an der der hübsche junge Hochstapler im Speisewagen der Zuglinie Paris-Lissabon von Prof. Kuckuck, dem Professor der Frühgeschichte, über die Entstehung des Kosmos, des Lebens und des Menschen belehrt wird. Die folgende Textstelle ist eine von Thomas Mann überarbeitete Fassung dieser hinreißenden Eloge auf Tod und Leben. Thomas Mann führt aus:

„Sie werden überrascht sein, mich auf Ihre Frage, woran ich glaube, oder was ich am höchsten stelle, antworten zu hören: Es ist die Vergänglichkeit.

Aber Vergänglichkeit ist etwas sehr Trauriges,

werden Sie sagen. – Nein, erwidere ich, sie ist die Seele des Seins, ist das, was allem Leben Wert, Würde und Interesse verleiht, denn sie schafft Zeit, – und Zeit ist wenigstens potentiell, die höchste, nutzbarste Gabe, in ihrem Wesen verwandt ja identisch mit allem Schöpferischen und Tätigen, aller Regsamkeit, allem Wollen und Streben, aller Vervollkommnung, allem Fortschritt zum Höheren und Besseren. Wo nicht Vergänglichkeit ist, nicht Anfang und Ende, Geburt und Tod, da ist keine Zeit, – und Zeitlosigkeit ist das stehende Nichts, so gut und so schlecht wie dieses, das absolut Uninter-essante.

Die Biologen schätzen das Alter des organischen Lebens auf Erden ungefähr auf fünfhundertfünfzig Millionen Jahre. In dieser Zeit entwickelte es in unzähligen Mutationen seine Formen bis hinauf zum Menschen, seinem jüngsten und gewecktesten Kinde. Ob dem Leben noch eine ebenso lange Zeit gewährt sein wird, wie seit seiner Entstehung ver-gangen ist, weiß niemand. Es ist sehr zäh, aber es ist an bestimmte Bedingungen gebunden, und wie es einen Anfang hatte, so wird es enden. Die Bewohn-barkeit eines Himmelskörpers ist eine Episode in seinem kosmischen Sein. Und würde das Leben noch einmal fünfhundertfünfzig Millionen Jahre alt – am Maßstabe der Äonen gemessen ist es ein flüchtiges Zwischenspiel.

Wird es dadurch entwertet? Im Gegenteil, meine ich, gewinnt es dadurch ungeheuer an Wert und Seele und Reiz; gewinnend gerade und Sympathie erweckend wird es als Episode – und obendrein durch die indefinibel geheimnisvolle Bewandtnis, die es mit ihm hat. Nach seiner Stofflichkeit unterscheidet es sich durch nichts von allem übrigen materiellen Sein. Als es sich dem Anorganischen entband, mußte etwas hinzukommen, was noch kein Laboratorium recht zu fassen und auszumachen vermocht hat. Und nicht bei diesem Hinzukommen blieb es. Aus dem Bereich des Tierischen trat der Mensch hervor, – durch Abstammung, wie man sagt; in Wahrheit wiederum durch ein Hinzukommendes, das man mit Worten wie ‚Vernunft‘ und ‚Kulturfähigkeit‘ nur mangelhaft bestimmt. Die Erhebung des Menschen aus dem Tierischen, von dem ihm viel geblieben ist, hat den Rang und die Bedeutung einer Urzeugung, – es war die dritte nach der Hervorrufung des kosmischen Seins aus dem Nichts und nach der Erweckung des Lebens aus dem anorganischen Sein.

Zu den wesentlichsten Eigenschaften, welche den Menschen von der übrigen Natur unterscheiden, gehört das Wissen von der Vergänglichkeit, von Anfang und Ende und also von der Gabe der Zeit, – diesem so subjektiven, so eigentümlich variablen, nach seiner Nutzbarkeit so ganz dem Sittlichen unterworfenen Element, daß sehr wenig davon sehr viel sein kann. Es gibt ferne Himmelskörper, deren Materie von so unglaublicher Dichtigkeit ist, daß ein Kubikzoll davon bei uns zwanzig Zentner wiegen würde. So ist es mit der Zeit schöpferischer Menschen: sie ist von anderer Struktur, anderer Dichtigkeit, anderer Ergiebigkeit als die locker gewobene und leicht verrinnende der Mehrzahl,

239

und verwundert darüber, welches Maß an Leistung in der Zeit unterzubringen ist, fragt wohl der Mann der Mehrzahl: ,Wann machst du das alles nur?'

Die Beseeltheit des Seins von Vergänglichkeit gelangt im Menschen zu ihrer Vollendung. Nicht, daß er allein Seele hätte. Alles hat Seele. Aber die seine ist die wachste in ihrem Wissen um die Auswechselbarkeit der Begriffe ,Sein' und ,Vergänglichkeit' und um die große Gabe der Zeit. Ihm ist gegeben, die Zeit zu heiligen, einen Acker, zu treulichster Bestellung auffordernd, in ihr zu sehen, sie als Raum der Tätigkeit, des rastlosen Strebens, der Selbstvervollkommnung, des Fortschreitens zu seinen höchsten Möglichkeiten zu begreifen und mit ihrer Hilfe dem Vergänglichen das Unvergängliche abzuringen.

Die Astronomie, eine große Wissenschaft, hat uns gelehrt, die Erde als ein im Riesengetümmel des Kosmos höchst unbedeutendes, selbst noch in ihrer eigenen Milchstraße ganz peripher sich umtreibendes Winkelsternchen zu betrachten. Das ist wissenschaftlich unzweifelhaft richtig, und doch bezweifle ich, daß sich in dieser Richtung die Wahrheit erschöpft. In tiefster Seele glaube ich – und halte diesen Glauben für jeder Menschenseele natürlich –, daß der Erde im Allsein eine zentrale Bedeutung zukommt. In tiefster Seele hege ich die Vermutung, daß es bei jenem ,Es werde', das aus dem Nichts den Kosmos hervorrief, und bei der Zeugung des Lebens aus dem anorganischen Sein auf den Menschen abgesehen war und daß mit ihm ein großer Versuch angestellt ist, dessen Mißlingen durch Men-

240

*schenschuld dem Mißlingen der Schöpfung selbst,
ihrer Widerlegung gleichkäme.*

*Möge es so sein oder nicht so sein – es wäre gut,
wenn der Mensch sich benähme, als wäre es so."*

Ob wir an einen personalen Gott glauben oder mit
Spinoza und Goethe an eine „allgöttliche Natur",
gehen wir doch einfach mit Thomas Mann davon
aus, *als ob* es bei der Zeugung des Lebens auf den
Menschen abgesehen war, und behandeln wir unseren Planeten, die anderen Völker, die Mitmenschen
und uns selbst pfleglich.

Wie das große Glück aussieht, darüber werden
wir uns kaum einigen können. Jahrtausende haben
die Menschen von den Ägyptern über die Griechen
und Römer, über das Mittelalter bis weit in unser
Jahrhundert das Glück in der Gemeinschaft
gesucht. Wir erleben und leben heute eher eine
Individualisierung des Glücks. „Ein jeder ist seines
Glückes Schmied." Der Wertewandel hat Differen-
zierung, Individualisierung und Pluralisierung der
Lebensstile gebracht. Die Arbeitsmoral ist weniger
gesunken, als daß sie sich geändert hätte. Frühere
Generationen haben gelebt, um zu arbeiten. Wir
ziehen es inzwischen eher vor, zu arbeiten, um zu
leben. Vor allem schätzen wir die kreative Arbeit
als Stätte der Selbstverwirklichung. An die Stelle
der traditionellen Kernfamilie ist oft ein reichhalti-
ges Netz von Freundschaften getreten. Die Bereitschaft der Menschen zu sozialem Engagement hat
sich aus Kirchen, Gewerkschaften und Parteien
mehr in Selbsthilfegruppen und lebendige „Subkul-

turen" verlagert. An die Stelle einer offiziellen, kirchlichen Religiosität sind persönliche Frömmigkeit und Sinnsuche getreten.

Das Abendland ist nicht, wie in den 20er Jahren der konservative Kulturphilosoph Oswald Spengler ("Der Untergang des Abendlandes") warnte und viele seiner Nachbeter bis heute befürchten, an der geistigen Auszehrung gestorben. Aus dem religiösen Universum ist ein Multiversum pluraler Lebensformen geworden. Die Konfliktfelder gesellschaftlicher Moral sind heute – was uns Angst macht – komplizierter, vielfältiger und bunter. Im Gegensatz etwa zu den 50er Jahren sind wir Bürger an der Wende des zweiten Jahrtausends besser gebildet, informierter, selbstbewußter und empanzipierter, was Dummheit und Rücksichtslosigkeit nicht ausschließt.

Wir sind nicht einfach, wie rückwärtsgewandte Kulturkritiker jammern, gleichgültiger und härter geworden. Wer die Adenauer-Ära noch erlebt hat, weiß, daß uns Deutschen damals die Sorge um die Natur, um ganzheitliche Lebensführung, gesunde Ernährung ("Freßwelle"!) und weibliche Emanzipation oder der Respekt für Minderheiten wie Homosexuelle, Behinderte oder Ausländer reichlich gleichgültig waren. Während die Psychoanalytiker Alexander und Margarethe Mitscherlich damals in einem berühmt gewordenen Buchtitel den Deutschen die "Unfähigkeit zu trauern" vorwarfen und während Vertriebenenverbände, Militärs und prominente Politiker und deren Parteien die Aussöhnung mit dem Osten torpedierten und die Verbrechen der Nazis bagatellisierten, sind heute die öffentliche Meinung und besonders die Jugend äußerst sensibel gegenüber dem Faschismus und den Umtrieben der Rechtsradikalen. Als Washington im Interesse seiner Ölpolitik den Wahnsinnskrieg am Golf entfesselte, waren es, zu unserer aller Überraschung, die Schülerinnen und Schüler in unserem Land, die zu Hunderttausenden auf die Straße gingen und protestierten...

Was heißt das, die Philosophie des Glücks in unserem Herzen zu bewahren? Wenn ich nach meinem Glück frage, dann spüre ich, daß der gegenwärtige Zustand meines Lebens nicht endgültig sein muß. Wenn ich mein Glück einfordere, dann will ich wachsen. Wenn ich mein Glück befrage, dann bin ich, wie schwer meine gegenwärtige Lage sein mag, lebendig. Wenn ich mein Glück reflektiere, dann habe ich Zukunft. Das Bohren nach meinem Glück ist mein Protest gegen den Status quo, die platte Gegebenheit meiner Lebensphase.

Das Leben wird uns gegeben wie eine „tabula rasa", wie eine leere Tafel. Wir müssen diese Tafel beschreiben. Das kann kein anderer für uns tun. Dabei fallen wir immer wieder auf die großen Glücksversprecher herein. Gurus, Sektenführer, politische Ideologen, religiöse Propagandisten, Rattenfänger. Aber auch der Partner kann die Tafel meines Lebens nicht beschreiben. Mein Glück zu suchen heißt, mein Leben zu einem Experiment zu machen, zu einem Laboratorium der Wagnisse. „Werde, der du bist", fordert Nietzsche. Jedes einzelne Leben ist, so gesehen, ein einziges, nie mehr wiederholbares Glücksexperiment. Da es kein Experiment gibt, das nicht das temporäre Scheitern beinhaltet, ist immer auch das Unglück unser zeitweiliger Weggefährte. Mein Glück zu suchen bedeutet, mein Leben offen zu halten, der Stumpfheit des Augenblicks das Prinzip Hoffnung gegenüber zu stellen.

Aufmüpfigkeit statt Anpassung, Energie statt Apathie, Mut statt Ängstlichkeit – das sind die Antriebskräfte eines glücklichen, weil gelebten Lebens. Ich bin das, was ich werden kann. Ich bin das, was ich aus mir heraushole. Ich bin das, was ich wage. Unglücklichsein heißt, sich in der tristen Gegenwart einzuzementieren. Nach meinem Glück zu streben heißt, Verantwortung für mich anzunehmen. Glück ist die Fähigkeit zum Wachstum und zur lebendigen Verbindung mit vielen Menschen. Goethe meint: „Soll dich das Alter nicht verneinen, so mußt du es gut mit anderen meinen; mußt viele fördern, manchem nützen, das wird dich vor Vernichtung beschützen."

Glück ist das Recht auf Eigen-Sinn, die Haltung von Engagement und Weltliebe. „Wenn ich mit Menschen- und Engelszungen redete", heißt es im Korintherbrief, „hätte aber die Liebe nicht, so wäre ich ein tönendes Erz oder eine klingende Schelle."

Glück und Eigensinn sind, so scheint mir, untrennbar. Wenn es in einer Therapie gelingt, daß ein Mensch seinen Eigensinn wieder entdeckt und zu leben wagt, dann hat er sein schwieriges Glück gefunden. In seinem berühmten Aufsatz „Eigensinn" von 1919 hat Hermann Hesse über diese kardinale Tugend nachgedacht: „Eine Tugend gibt es, die liebe ich sehr, eine einzige. Sie heißt Eigensinn. – Von allen den vielen Tugenden, von denen wir in Büchern lesen und von Lehrern reden hören, kann ich nicht so viel halten. Und doch könnte man alle die vielen Tugenden, die der Mensch sich erfunden hat, mit einem einzigen Namen umfassen. Tugend ist: Gehorsam. Die Frage ist nur, *wem* man gehorche. Nämlich auch der Eigensinn ist gehorsam. Aber alle anderen, so sehr beliebten und belobten Tugenden sind gehorsam gegen Gesetze, welche von Menschen gegeben sind. Einzig der Eigensinn ist es, der nach diesen Gesetzen nicht fragt. Wer eigensinnig ist, gehorcht einem anderen Gesetz, einem einzigen, unbedingt heiligen, dem Gesetz in sich selbst, dem ‚Sinn' des ‚Eigenen'."

Glücklich leben heißt, mich in mir selbst zentrieren, nicht länger auf die Stimmen der Eltern, Lehrer, Chefs, der Bekannten, der Religion und der Werbung zu hören. All diese Ratschläge übertönen mit ihrem Lärm das, was in mir selbst flüstert. Das Glück zu wagen bedeutet, nicht länger taub zu sein für meinen sokratischen „daimonion", meine göttliche eigene Stimme. Welches Glück, mein Leben, meinen Sinn des Lebens zu entdecken: Die eine pflegt eine alte Mutter; der andere liebt seinen Garten; der dritte betreibt Heimatgeschichte; die vierte strickt, wie eine Klientin von mir, 300 Strümpfe im Jahr für einen Wohltätigkeitsbasar der Dritten Welt; der fünfte erweckt ein altes Haus zu neuem Leben; die sechste schenkt einem adoptierten Kind

die Liebe; der siebte engagiert sich in einer Bürgerinitiative gegen die Autobahnführung durch das
Naturschutzgebiet; die achte lernt eine neue Sprache; der neunte arbeitet ehrenamtlich im Blinden-
verein …

Auf dem Bremer Hauptbahnhof traf ich vor einigen Jahren einen Rentner, der mir die Sammel-
büchse für die Bahnhofsmission entgegenhielt. Ich
spendete und kam mit ihm ins Gespräch. Seine
Pensionierung, so erzählte mir der ehrenamtliche
Helfer der Bahnhofsmission, sei für ihn eine Katastrophe gewesen. Er hätte zu Hause gehockt, den
Fernseher laufen lassen und sei seiner Frau auf die
Nerven gefallen. Als ihn eine Mitarbeiterin der
Bahnhofsmission ansprach, habe er sich spontan
zur kostenlosen Mitarbeit entschlossen: „Ich
arbeite hier vom frühen Morgen bis zum Mittag.
Meine Arbeit wird gebraucht. Ich mag die Kolle-
ginnen und meine ‚Stammkunden‘. Es ist so inter-
essant. Wenn ich die Not um mich herum erlebe,
bin ich glücklich, wie gut es mir geht. Wenn ich
heimkomme, habe ich etwas geschafft und kann
meiner Frau viel erzählen.“

Glücklich sein heißt, den Eros der Freiheit zu
wagen. Es gibt keine abstakte Freiheit. Es gibt einzig und allein die Freiheit, die ich selber bin. Philosophie des Glücks – was will uns das anderes sagen,
als nicht länger auf die Segnungen von außen zu
warten und auf den morgigen Tag hoffen, sondern
jeden Tag neu die Lebendigkeit zu wagen. Der Weg
ist das Ziel. Er muß von mir wie eine Schneise in
den Dschungel des Lebens geschlagen werden. Der

„Eros der Freiheit" wird so zum Zauber der
Gegenwart, wie Hermann Hesse in einem Gedicht
schwärmt:

> *„Wie Blüten gehn Gedanken auf*
> *Hundert an jedem Tag –*
> *Laß Blühen! Laß dem Ding den Lauf!*
> *Frag nicht nach dem Ertrag!*
> *Es muß auch Spiel und Unschuld sein.*
> *Und Blütenüberfluß,*
> *sonst wär die Welt uns viel zu klein*
> *und Leben kein Genuß."*

Würde die Mehrzahl der Menschen diese Phantasie, diesen Mut und Eigensinn wagen, sagt Hesse,
so sähe die Erde anders aus: „In Wirklichkeit
würde unter Menschen, die selbständig ihrem inneren Gesetz und Sinn folgen, das Leben reicher und
höher gedeihen." Der Dichter warnt uns vor der
Diktatur von „Standpunkten", mögen sie auch
„von den fettesten Professoren vertreten werden".

Hesse warnt uns vor dem Glatteis der Fremdbe-
stimmung. Glück ist das Leben aus unserem Selbst,
unserer innersten Strebung und Stimmigkeit heraus. Hesse: „Wir sind weder Rechenmaschinen
noch sonst welche Mechanismen. Wir sind Menschen. Und für den Menschen gibt es nur *einen*
natürlichen Standpunkt, nur *einen* natürlichen
Maßstab. Er ist der des Eigensinnigen. Für ihn gibt
es weder Schicksale des Kapitalismus noch des
Sozialismus … für ihn lebt nichts als das stille,
unweigerliche Gesetz in der eigenen Brust, dem zu
folgen dem Menschen des bequemen Herkommens

so unendlich schwerfällt, das dem Eigensinnigen aber Schicksal und Gottheit bedeutet."

Wann denn als in der zweiten Lebenshälfte, wo uns die Sanduhr der Endlichkeit in den Ohren rauscht, wollen wir unseren „Eigensinn", den Ungehorsam gegen die fremden Autoritäten und den Gehorsam uns selbst gegenüber, wagen?! Den Sinn der zweiten Lebenshälfte zu verstehen, bedeutet, die Wahrheit und Verantwortung in uns selbst zu finden, frei nach dem kühnen Diktum Immanuel Kants: „Der Gerichtshof ist im Innern des Menschen aufgeschlagen."

Keine Religion, kein Staat und keine Gemeinschaft kann mir das Denken und die moralischen Entscheidungen abnehmen. Das ist der revolutionäre Neubeginn in der zweiten Hemisphäre meines Lebens. Wenn ich beginne, allein meinen moralischen Kosmos, meine Würde und Lebensfreude zu entdecken, dann werde ich mündig. Das ist ein so großer Sprung, wie jener erste Schritt des amerikanischen Astronauten auf den Mond.

Die zweite Lebenshälfte kann, so wir sie bewußt angehen, eine Phase des Glücks und der Aufklärung in unserem Leben einleiten. Da kann das passieren, was Kant vor über 200 Jahren in seiner Schrift „Was ist Aufklärung?" (1783) so allgemein und zugleich so individuell formuliert hat: „Aufklärung ist der Ausgang des Menschen aus seiner selbst verschuldeten Unmündigkeit. Unmündigkeit ist das Unvermögen, sich seines Verstandes ohne Leitung eines anderen zu bedienen. Selbst verschuldet ist die Unmündigkeit, wenn die Ursache derselben nicht am Mangel des Verstandes, sondern der Entschließung und des Mutes liegt, sich seiner ohne Leitung eines anderen zu bedienen. Sapere aude! Habe Mut, dich deines eigenen Verstandes zu bedienen, heißt also der Wahlspruch der Aufklärung."

Zweite Lebenshälfte – das ist der Mut zur Begegnung mit sich selbst. Noch einmal C. G. Jung: „Die erste Lebenshälfte … ist im allgemeinen eine Zeitspanne, in welcher der einzelne in die Welt hinausgeht. Er ist wie ein explodierender Himmelskörper, dessen Teile in den Weltraum fliegen und immer größere Distanzen zurücklegen … In der zweiten Lebenshälfte beginnt man sich in Frage zu stellen. Oder vielmehr, man tut es nicht, man möchte dieser Frage ausweichen, aber etwas in einem stellt sie, und man hört nicht gerne, wie die innere Stimme fragt? ‚Was ist das Ziel?' und dann ‚Wonach strebst du jetzt?'"

Wenn man jung ist, sagt C. G. Jung, erobert man die Welt, wenn man alt wird, beginnt man nachzudenken. Der große Psychologe warnt vor den Folgen der Verdrängung: „In der zweiten Lebenshälfte aber werden diejenigen neurotisch, die sich vor der natürlichen Entwicklung des Geistes – dem Nachdenken, der Vorbereitung auf das Ende – drücken. Das sind die Neurosen der zweiten Lebenshälfte."

Die zweite Lebenshälfte ist eine Lebensstufe eigener Art und Würde. Sie ist Bewahrung und Aufbruch, Dankbarkeit für das Alte und Neugier auf das Neue. Ganz gewiß ist sie eine Phase erhöhten Bewußtseins und der reflektierten Seinsweise.

Wohl keiner hat diesen Gedanken der beseelten Bewegung des reifen Lebens tiefer und durchglühter ausgedrückt als Hermann Hesse. Mit seinem Gedicht „Stufen" will ich denn auch die lang geschwungene Gedankenreise dieses Buches über die Fährnisse und Chancen der zweiten Lebenshälfte glücklich beschließen:

Stufen

Wie jede Blüte welkt und jede Jugend
Dem Alter weicht, blüht jede Lebensstufe,
Blüht jede Weisheit auch und jede Tugend
Zu ihrer Zeit und darf nicht ewig dauern.
Es muß das Herz bei jedem Lebensrufe
Bereit zum Abschied sein und Neubeginne,
Um sich in Tapferkeit und ohne Trauern
In andre, neue Bindungen zu geben.
Und jedem Anfang wohnt ein Zauber inne,
Der uns beschützt und der uns hilft zu leben.

Wir sollen heiter Raum um Raum durchschreiten,
An keinem wie an einer Heimat hängen,
Der Weltgeist will nicht fesseln uns und engen,
Er will uns Stuf' um Stufe heben, weiten.
Kaum sind wir heimisch einem Lebenskreise
Und traulich eingewohnt, so droht Erschlaffen,
Nur wer bereit zu Aufbruch ist und Reise,
Mag lähmender Gewöhnung sich entraffen.
Es wird vielleicht auch noch die Todesstunde
Uns neuen Räumen jung entgegensenden,
Des Lebens Ruf an uns wird niemals enden...
Wohlan denn, Herz, nimm Abschied und gesunde!

Ein Verlag, ein Haus, eine Philosophie.

Millionen Bundesbürger kennen den kämpferischen Ganzheitsarzt Dr. Max Otto Bruker (1909–2001) aus dem Fernsehen, aus Vorträgen, durch den „Mundfunk" überzeugter Patienten. Vor allem lesen sie aber die rund 30 Bücher des schwäbischen Humanisten und Seelenarztes. Mit einer Buchauflage von über drei Millionen Exemplaren ist Max Otto Bruker der wohl bedeutendste medizinische Erfolgsautor im deutschsprachigen Raum. Der – in der Nachfolge des Schweizer Reformarztes Bircher-Benner scherzhaft „Deutschlands Vollwertpapst" genannte – Massenaufklärer, langjährige Klinikchef und Ernährungsspezialist lehrte zwei fundamentale Erkenntnisse Patienten wie Gesunden: Der Mensch wird krank, weil er sich falsch ernährt. Der Mensch wird krank, weil er falsch lebt.

Hinter den Erfolgstiteln des emu-Verlages steht ein bedeutender Forscher und Arzt, eine Bewegung, ein Haus und tausende Schülerinnen und Schüler. 1994 wurde das „Dr.-Max-Otto-Bruker-Haus", das Zentrum für Gesundheit und ganzheitliche Lebensweise, auf der Lahnhöhe in Lahnstein bei Koblenz bezogen. Es stellt die äußere Krönung des Brukerschen Lebenswerkes dar: Der lichte Bau mit seinem Grasdach, den Sonnenkollektoren und den Wasserrecyclinganlagen, seinen Seminarräumen, dem Foyer mit der Glaskuppel, dem liebevollen Biogarten und dem Kneipp-Tretbecken, ist als Treffpunkt für all jene konzipiert, denen körperliche und seelische Gesundheit, ökologische und spirituelle Harmonie Herzensbedürfnis und Sehnsucht sind.

Hinter dem eleganten Halbmondkorpus verbirgt sich eine Begegnungsstätte für Gesundheitsbewusste, Seminarteilnehmer, Trost-, Ruhe- und Anregungsbedürftige.

Das Dr.-Max-Otto-Bruker-Haus

Feste Termine:

Jeden Dienstag, 18.30 Uhr: Vortrag Dr. phil. Mathias Jung (Lebenshilfe und Philosophie)
Jeden Mittwoch, 10.30 Uhr: Fragestunde mit Dr. med. Jürgen Birmanns (Ärztlicher Rat aus ganzheitlicher Sicht)

Ausbildung Gesundheitsberater/in GGB
Lebensberatung/Frauen-, Männer- und Paargruppen

Die vitalstoffreiche Vollwertkost hat ihre Verbreitung, auch im klinischen Bereich, durch die unermüdliche Information und praktische Durchführung von Dr. M. O. Bruker gefunden. Um die Erkenntnisse gesunder Lebensführung und die durch falsche Ernährung provozierte Krankheitslawine ins öffentliche Bewusstsein zu rücken, bildete M. O. Bruker seit 1978 (im Rahmen der von ihm gegründeten „Gesellschaft für Gesundheitsberatung GGB e.V.") Gesundheitsberaterinnen und Gesundheitsberater GGB aus. 1999 übergab er die ärztliche Leitung an Dr. med. Jürgen Birmanns. Über 4000 Frauen und Männer haben bislang die berufsbegleitende Ausbildung bestanden und wirken in Volkshochschulen, Bioläden, Lehrküchen, Krankenhäusern, ärztlichen Praxen, Krankenversicherungen und ähnlichen Bereichen.

Auf der Lahnhöhe erhalten Sie durch Dr. Birmanns und sein Expertenteam nicht nur eine sorgfältige Grundlagenausbildung über die vitalstofffreiche Vollwertkost und den Krankmacher der „entnatürlichten" (denaturierten) Zivilisationsernährung (raffinierter Fabrikzucker, Auszugsmehle, fabrikatorische Öle und Fette, tierisches Eiweiß usw.), sondern gewinnen auch Einblick in die leibseelischen Zusammenhänge der Krankheiten.

Anfragen zur Gesundheitsberater-Ausbildung wie zu den Selbsterfahrungsgruppen, Lebensberatung, Paartherapie und Psychotherapie bei Dr. Mathias Jung und weiteren Tages- und Wochenendseminaren sowie Einzelberatung sind zu richten an die
Gesellschaft für Gesundheitsberatung GGB e.V.,
Dr. Max-Otto-Bruker-Str. 3, 56112 Lahnstein
(Tel.: 0 26 21 / 91 70 10, 91 70 17, 91 70 18, Fax: 0 26 21 / 91 70 33).

Fordern Sie ebenfalls ein kostenloses Probe-Exemplar der Zeitschrift „Der Gesundheitsberater" an!

Bücher von Dr. Mathias Jung im emu-Verlag

Blaue Reihe:

Rote Reihe:

Gelbe Reihe:

Bücher von Dr. Mathias Jung aus der Sprechstunden-Reihe

Von Dr. Jung sind in Zusammenarbeit mit Andrea Montermann (Illustrationen) folgende Titel erschienen:

Von Dr. Jung ist folgende Bibelinterpretation erschienen:

Von Dr. Jung sind im emu-Verlag folgende Vorträge als Audiokassetten erschienen:

Lebensberatung

- Mein Charakter – mein Schicksal?
- Depression als Chance
- Das Verdrängte in unserer Seele
- Die Wunde der Ungeliebten
- Das Nein in der Liebe
- Was ist der Sinn des Lebens?
- Meine Sprache – meine Seele
- Söhne brauchen Väter
- Krankheit als Kränkung und Anpassung
- Eifersucht – ein Schicksalsschlag?
- Der Mann – ein emotionales Sparschwein
- Geschwisterliebe – Geschwisterrivalität
- Verlassen und verlassen werden
- Neurodermitis – Fehlernährter Körper – Aufgekratzte Seele
- Das sprachlose Paar
- Zweite Lebenshälfte – Endlichkeit und Aufbruch
- Das Drama der Trennung
- Ein Zimmer für mich
- Mut zur Angst
- Sexualität – Lust und Last
- Außenbeziehung – Krise oder Chance
- Liebesverträge in der Beziehung
- Lob der Einsamkeit
- Aggressionen unter Liebenden
- Mehr Zeit für mich
- Alkoholkrank: Der Betroffene und seine Familie
- Lebensbedingte Krankheiten nach Dr. M. O. Bruker
- Meditation: Freude – Angst – Hoffnung
- Alter und Tod. Rätsel der Natur
- Verzeihen und Versöhnen
- Frieden mit den Eltern
- Das Paar im Wandel: Jugend, Mitte, Alter
- Sexueller Missbrauch
- Seele – Sucht – Sehnsucht
- Organtransplantation – Sterben auf Bestellung?
- Humor und Zärtlichkeit
- Suizid – der Betroffene und die Angehörigen

Märchen

- Der kleine Prinz – mein verschüttetes Ich
- Froschkönig – Glück und Zähneklappern der Liebe
- Das verletzte Kind in mir oder Hans mein Igel
- Sein und Schein oder Des Kaisers neue Kleider
- Schneewittchen oder Das Drama des Neides

- Siddharta: das Rätsel des Lebens
- Eisenhans oder Wie ein Mann ein Mann wird
- Das tapfere Schneiderlein oder Mut zum Leben
- Eigensinn oder Die Möwe Jonathan
- Elternablösung – Hänsel und Gretel
- Außenseiter – Das hässliche Entlein
- Befreiung der Weiblichkeit – Das Märchen Blaubart
- Tödliches Schweigen – Der Fischer und seine Frau
- Schneewittchen – der Mutter-Tochter-Konflikt

Philosophie

- Sokrates oder Die Norm meines Gewissens
- Seneca oder Die Freude des Augenblicks
- Augustinus oder Der Zwiespalt
- Montaigne oder Das Leben als Meisterstück
- Giordano Bruno oder Die neue Welt
- Descartes oder Der Januskopf der Wissenschaft
- Spinoza oder Das Abenteuer der Diesseitigkeit

- Hobbes oder Die Zähmung der Bestie Mensch
- Leibniz oder Die Beste aller Welten
- Voltaire oder Die Waffe des Geistes
- Kant oder Die Mündigkeit
- Hegel oder Der Fortschritt
- Feuerbach oder Die Sache mit Gott
- Marx oder Die Entfremdung des Menschen
- Schopenhauer oder Die Qual des Seins
- Nietzsche oder Die Hymne auf das Leben
- Heidegger oder Die Angst
- Jaspers oder Die Weltphilosophie
- Hannah Arendt oder Vom tätigen Leben
- Bloch oder Das Prinzip Hoffnung
- Popper oder Die offene Gesellschaft
- Sartre oder Die Freiheit

Literatur

- Lessing – die Toleranz
- Wieland – die Aufklärung
- Goethe – Dichtung und Wahrheit